Estelle M

Comment pardonner?

Jean Monbourquette

COMMENT PARDONNER?

Pardonner pour guérir
Guérir pour pardonner

Nouvelle édition revue et corrigée

Novalis / Centurion

Comment pardonner?
est publié par Novalis et les Éditions du Centurion.

Maquette: Gilles Lépine.

Illustration: Malgosia Chelkowska.

Dépôts légaux: 1er trimestre 1992
Bibliothèque nationale du Canada
Bibliothèque nationale du Québec

Réimpression 1994, 1996, 1998

Novalis, C.P. 990, Outremont, Québec H2V 4S7

ISBN: 2-89088-538-0 (Novalis)
2-227-340-86-X (Centurion)

Imprimé au Canada

Données de catalogage avant publication (Canada)

Monbourquette, Jean

Comment pardonner? : pardonner pour guérir, guérir pour pardonner

Comprend des références bibliographiques: p.

ISBN 2-89088-538-0

1. Pardon I. Titre.

BJ1476.M66 1992 179'.9 C92-096304-8

Je dédie ce livre à Jacques Croteau,
ami et mentor.

AVANT-PROPOS

Comment pardonner? C'est une question qui m'intéresse depuis presque dix ans. Je me suis heurté moi-même à la difficulté de pardonner et j'ai rencontré le même problème chez mes lecteurs, mes clients et les personnes que j'accompagne sur le plan spirituel.

Cet ouvrage est l'aboutissement d'une longue recherche et réflexion nourries à la fois de mon expérience clinique des personnes et de mes connaissances psychologiques et spirituelles. Mon intention en l'écrivant est claire: fournir un guide pratique pour apprendre à pardonner en suivant une démarche en douze étapes.

Plusieurs me demandent: «Mais pourquoi douze étapes? C'est beaucoup!» Oui, je l'admets. Comme vous vous en doutez, je n'en suis pas arrivé là du premier coup. C'est à l'expérience que j'ai découvert que certaines personnes, toutes désireuses qu'elles soient de pardonner, se sentaient bloquées à des moments précis de leur démarche. C'est en démêlant leurs confusions que je me rendais compte de la complexité de la dynamique psychologique et spirituelle du pardon. À mesure que j'y voyais plus clair et qu'une nouvelle difficulté surgissait, j'étais amené à ajouter une nouvelle étape.

Comment faut-il lire le présent ouvrage? Avant tout, il est important pour le lecteur de rester attentif à sa démarche personnelle et à sa manière de pardonner. Certains parcourront le livre d'une traite. D'aucuns préféreront y retenir çà et là des directives selon leurs besoins du moment. Des chapitres auront des airs de «déjà vu», tandis que d'autres auront un effet de neuf et d'inédit. Si le lecteur constate qu'un chapitre lui est plus pertinent, il prendra le temps de l'étudier davantage et d'en faire les exercices. Il pourra mieux connaître ses états d'âme, cerner ses blocages, trouver le moyen de les résoudre et aller de succès en succès. Je dis donc à chacun: «Bon voyage au cours de ton pèlerinage intérieur à la découverte d'un pardon qui guérit et fait grandir!»

À qui s'adresse *Comment pardonner?* Il est écrit à l'intention du plus grand nombre de lecteurs possible, qu'ils soient croyants ou non. On constatera que l'inspiration chrétienne y est fortement représentée. Il se peut que certaines personnes ne prisent guère le vocable «Dieu», employé lors de la description de l'aspect spirituel du pardon. Qu'elles se sentent à l'aise d'utiliser le terme qui convient le mieux à leur orientation spirituelle, tels ceux de «Transcendant», «Soi supérieur», «Source ou Énergie divine», «Amour inconditionnel», etc.

À la fin de cet avant-propos, je tiens à remercier Jacques Croteau, o.m.i., pour son encouragement et son intérêt soutenu à l'exécution de mon travail. Il a révisé mon manuscrit en critique qui ne laisse passer aucune obscurité. Je veux aussi exprimer ma gratitude à Bernard Julien, o.m.i., qui a accepté de faire la révision finale de l'écriture.

PREMIÈRE PARTIE

Réflexions et orientations sur la nature du pardon

«Que cherches-tu à apprendre sur toi en écrivant un livre sur le pardon?» Cette question d'un ami à qui je venais de confier mon projet m'a pris au dépourvu et m'a fait réfléchir. Jusque-là, j'avais pensé que c'était pour les autres que je m'étais décidé à écrire sur le pardon. À la réflexion, je me suis aperçu que c'était d'abord pour moi que je m'engageais dans cette aventure. Pendant plus de trois ans, je m'étais débattu sans succès à vouloir me guérir d'une blessure affective. Je croyais trouver dans un certain pardon d'allure purement volontaire la solution miracle à toutes mes aigreurs. Tel n'était pas le cas. Je ne parvenais pas à trouver la paix intérieure tant recherchée.

Cette découverte fut l'un des principaux événements qui m'incita à entreprendre et à poursuivre mon étude sur la dynamique du pardon. Je me demandai alors comment il se faisait que, malgré toute ma bonne volonté et mes nombreux efforts, je n'arrivais pas à me libérer de mon ressentiment. J'avais l'impression de gaspiller mon temps et mes énergies en ruminations inutiles sur le passé.

Plus je voulais pardonner, moins j'y réussissais. Je m'enfonçais dans un marais d'émotions où se mêlaient peur, culpabilité et colère. Parfois, au milieu de ce chaos intérieur, surgissaient quelques éphémères élans de miséricorde et de fugitifs moments de libération intérieure. D'autres fois, j'éprouvais l'espoir de surmonter ma vengeance, espoir vite éteint par des bouffées soudaines d'agressivité et d'amour-propre blessé. Je compris alors combien j'étais encore novice dans l'art de pardonner malgré mes longues années de formation religieuse, philosophique, théologique et pastorale. Je me mis donc à lire sur le sujet, à interroger ma propre expérience ainsi que celle de mes dirigés et de mes clients. Je voulais découvrir une fois pour toutes ce qui bloquait ma démarche de pardon. Pouvais-je espérer voir enfin le bout du tunnel?

Un autre événement allait devenir déterminant. Je fus témoin d'une guérison psychologique, voire physique, survenue à la suite d'un exercice de pardon. Je recevais en psychothérapie un homme de cinquante-cinq ans, professeur d'université, d'une foi religieuse profonde. Son acharnement au travail et ses problèmes familiaux l'avaient mené au bord de la dépression, en plus de lui occasionner des ulcères d'estomac. Or, en une dizaine de sessions, mon client avait appris à se libérer de sa souffrance en exprimant au sens le plus littéral du mot sa déception, sa frustration et sa colère contre sa femme alcoolique, son fils victime de la drogue et sa fille follement amoureuse d'un jeune homme qu'il détestait. Ce défoulement progressif, fondé sur une acceptation de ses sentiments «négatifs», lui avait procuré un net soulagement. Lors d'une thérapie où je me sentais un peu à court de moyens, je m'étais avisé d'utiliser la technique de la chaise vide, ou plutôt des chaises vides, chacune d'elles tenant lieu d'un membre de sa famille. Je lui suggérai alors de pardonner à chacun d'eux. Ce fut une rencontre très émouvante. Plusieurs fois, mon client versa des larmes au moment de dire son pardon. Et, spontanément, sans avoir été sollicité, il demanda à son tour pardon à chacun d'eux pour ses nombreuses absences et son manque d'intérêt général. Deux semaines après cette séance, il m'annonçait que ses ulcères s'étaient cicatrisés. Je me demandais comment expliquer que le pardon pût avoir comme effet de guérir même des maladies physiques.

Souvent, des lecteurs de mon livre *Aimer, perdre et grandir* m'écrivent pour me dire la difficulté qu'ils éprouvent à la lecture des pages consacrées au pardon. Ils sont tous d'accord pour reconnaître la beauté et la nécessité du pardon, mais ils se demandent comment ils parviendront à réaliser cet idéal. Combien ai-je rencontré de personnes qui, comme ces lecteurs, se désespèrent devant leur incapacité à pardonner. Elles ont l'impression de marcher vers une étoile qui s'éloigne à mesure qu'elles s'en approchent.

Ce qui exacerbe le plus souvent pareil sentiment d'impuissance, c'est le fait de présenter des exemples de pardon plus admirables qu'imitables. Comment seulement penser pouvoir jamais imiter Jean-Paul II pardonnant à son assassin, ou Ghandi enseignant la non-violence et le pardon à l'égard de ses persécuteurs, ou encore Jésus crucifié implorant Dieu de pardonner à ses bourreaux? À côté de tels géants du pardon, nul ne se sent de taille. On se voit envoyé pêcher la baleine équipé d'une fragile canne à pêche.

Peu de réalités psycho-spirituelles ont été aussi galvaudées et caricaturées que celle du pardon. Pourtant, le pardon occupe une place centrale dans la spiritualité des grandes religions, notamment dans la religion chrétienne. Il serait prétentieux de ma part de laisser croire que ma présente réflexion trouvera le fin mot en matière de pardon. Mon propos est plus modeste. Je voudrais d'abord dénoncer un certain nombre de conceptions fausses qu'on s'en est faites. On est souvent porté à banaliser le terme; on le simplifie à outrance. On met sous ce vocable des réalités qui lui sont tout à fait étrangères, de sorte que trop de gens empressés de pardonner se retrouvent dans des impasses psychologiques et spirituelles.

Le lecteur trouvera dans la première partie de ce livre des notions théoriques sur la nature du pardon pour éviter qu'il ne tombe dans le piège des faux pardons et pour l'aider à comprendre son acte de pardonner. Je lui propose, dans la deuxième partie, une pédagogie du pardon selon une démarche en douze étapes, chacune des étapes étant suivie d'applications pratiques. Je suis convaincu qu'un tel cheminement amènera les cœurs blessés à découvrir dans le pardon la paix et la libération intérieure tant désirées.

POUR QUE LA VIE SE RENOUVELLE

Faut-il que l'hiver pardonne au printemps
le printemps, à l'été;
l'été, à l'automne;
l'automne, à l'hiver?

Faut-il que la nuit pardonne au jour;
le soleil, à la lune?

Faut-il que les amoureux se pardonnent
à la fois leur désir d'être ensemble
et leur goût de liberté?

Faut-il que la mère pardonne au nouveau-né;
le père, à l'enfant autonome et rebelle?

Faut-il que l'enfant en soi-même
pardonne à l'adolescent;
l'adolescent, à l'adulte;
l'adulte, au vieillard?

Faut-il que nous pardonnions à Dieu
pour sa création imparfaite?

Faut-il que Dieu nous pardonne
de vouloir Lui ressembler?

Chapitre 1

L'importance du pardon dans nos vies

Voulez-vous être heureux un instant?
Vengez-vous.
Voulez-vous être heureux toujours?
Pardonnez.
Henri Lacordaire

Le pardon est-il toujours d'actualité dans notre monde sécularisé? Il ne faut pas longtemps écouter des confidences pour en reconnaître la brûlante nécessité. Personne, en effet, n'est à l'abri des blessures résultant de frustrations, de déceptions, d'ennuis, de chagrins d'amour, de trahisons, etc. Les difficultés de vivre en société, on les retrouve nombreuses partout: conflits dans les couples, dans les familles, entre amants séparés ou personnes divorcées, entre patrons et employés, entre amis, entre voisins, entre races ou nations. Tous ont besoin de pardonner un jour afin de rétablir la paix et de continuer de vivre ensemble. Lors d'un cinquantième anniversaire de mariage, on demandait au couple le secret de sa longévité conjugale. L'épouse répondit: «Jamais, après une dispute, nous ne nous sommes endormis sans nous demander pardon l'un à l'autre.»

Pour découvrir toute l'importance du pardon dans les relations humaines, essayons de nous imaginer ce que serait un monde sans pardon. Quelles en seraient les graves conséquences? On serait condamné aux quatre choix suivants: perpétuer en soi-même et dans les autres le tort subi; vivre dans le ressentiment; rester accroché au passé; se venger. Examinons ces options de plus près.

Perpétuer en soi-même et dans les autres le mal subi

Quand on est atteint dans son intégrité physique, morale ou spirituelle, quelque chose d'important se produit en soi. Une partie de son être est touchée, meurtrie, je dirais même souillée et violée, comme si la méchanceté de l'offenseur avait rejoint le moi intime. On devient enclin à imiter son offenseur, comme si on avait été contaminé par un virus contagieux. En vertu d'un mimétisme mystérieux plus ou moins conscient, on est même porté à se montrer à son tour méchant, non seulement envers l'offenseur mais envers soi-même et les autres. Un homme qui vivait avec une femme récemment divorcée me confiait les difficultés qu'il éprouvait dans leur vie commune: «Parfois, disait-il, j'ai l'impression qu'elle me fait payer les bêtises que son ex-mari lui a fait subir.»

L'imitation de son agresseur est un mécanisme de défense bien connu en psychologie. Par un réflexe de survie, la victime s'identifie à son bourreau. Dans le magnifique film danois *Pélé, le conquérant,* on s'explique mal comment un enfant aussi doux que Pélé s'amuse à fouetter son compagnon mentalement retardé. Tout devient clair quand on se rappelle que Pélé ne fait que reproduire alors sur un innocent le comportement du garçon de ferme qui l'avait humilié à coups de fouet dans le passé. On retrouve le même phénomène dans le film biographique de Lawrence d'Arabie. On assiste à un changement radical du caractère du héros. Après avoir été torturé, il devient tout à fait un autre être. D'un caractère pacifique et philanthrope, il devient agressif jusqu'au sadisme. Combien d'agresseurs sexuels et d'abuseurs violents ne font que répéter les sévices qu'ils ont eux-mêmes subis dans leur jeunesse? En thérapie familiale, on constate souvent que, dans les situations de stress, les enfants adoptent des comportements analogues à ceux de leurs parents. De même, on a sous les yeux des exemples de nations qui emploient à l'égard d'autres peuples les mêmes tactiques inhumaines qu'elles-mêmes ont dû supporter au temps de l'oppression.

Je n'entends pas parler ici de la vengeance comme telle, mais bien de réflexes enfouis dans l'inconscient individuel ou collectif. C'est pourquoi, dans le pardon, on ne s'arrête pas seulement à ne pas se venger, mais on doit oser aller à la racine des tendances agressives déviées pour les extirper de soi-même et pour en stopper les effets dévastateurs avant qu'il ne soit trop tard. Car de telles prédispositions à l'hostilité et à la domination des autres risquent de se transmettre de génération en génération, dans les familles et dans les cultures. Le pardon peut seul briser ces réactions en chaîne, arrêter les gestes répétitifs de la vengeance pour les transformer en des gestes créateurs de vie.

Vivre dans un ressentiment constant

Bien des gens souffrent de vivre dans un constant ressentiment. Prenons seulement le cas des personnes divorcées. Des études récentes sur les effets à long terme du divorce ont montré qu'un grand nombre d'époux divorcés, et spécialement les femmes, continuent de nourrir beaucoup de ressentiment à l'égard de leur ex-conjoint, même après quinze années de séparation. Dans mon expérience clinique, j'ai souvent l'occasion de constater que certaines réactions émotives démesurées ne sont que la réactivation d'une blessure du passé, mal guérie.

Or, vivre fâché, même inconsciemment, demande beaucoup d'énergie et entretient un stress constant. On comprendra mieux ce qui se passe si on garde à l'esprit la différence entre le ressentiment, qui engendre le stress, et la colère, qui ne le fait pas. Alors que la colère est une émotion saine en soi qui disparaît une fois exprimée, le ressentiment et l'hostilité s'installent à demeure comme attitude de défense toujours en éveil contre toute attaque réelle ou imaginaire. Ainsi celui qui a été dominé et humilié dans son enfance deviendra déterminé de ne plus jamais se laisser maltraiter. Pour ce faire, il demeurera constamment sur ses gardes. De plus il sera porté à inventer des histoires de complots ou d'attaques possibles contre lui. Seule la guérison opérée en profondeur par le pardon pourra remédier à cette situation intérieure de tension.

Le ressentiment, cette colère déguisée qui suppure d'une blessure mal guérie, a aussi d'autres effets nuisibles. Il est à l'origine de plusieurs maladies psychosomatiques. Le stress créé par le ressentiment s'attaque éventuellement au système immunitaire. Celui-ci, toujours en état d'alerte, ne sait plus découvrir l'ennemi. Il ne reconnaît plus les agents pathogènes. Il va même jusqu'à s'en prendre à des organes sains qu'il était censé protéger. Ainsi s'explique la genèse de plusieurs maladies telles que l'arthrite, l'artériosclérose, la sclérose en plaques, les maladies cardio-vasculaires, le diabète, etc. Parmi les meilleures stratégies de défense contre les effets maléfiques du ressentiment, le Dr Redford (1989: 42)* recommande la pratique habituelle du pardon dans la vie de tous les jours.

Le Dr Carl Simonton, dans son livre *Guérir envers et contre tous* (1982), après avoir décrit les recherches scientifiques diverses sur le lien de causalité entre les états émotifs «négatifs» et l'apparition du cancer, consacre tout un chapitre à démontrer que le pardon demeure le meilleur moyen de surmonter son ressentiment dévastateur. À l'aide d'une technique d'imagerie mentale, il invite les personnes atteintes du cancer à souhaiter du bien à celui ou à celle qui les a blessées. Les utilisa-

---

* Se référer à la bibliographie, page 243. La parenthèse renferme l'année de la publication et la ou les pages où l'on retrouvera le texte cité ou celui auquel on fait allusion.

teurs d'une telle technique ont ressenti une nette diminution de leur stress. Ils se sont sentis plus à même de combattre leur maladie. Il est étonnant à tout le moins qu'une approche si simple du pardon ait pu produire des effets aussi bénéfiques.

Rester accroché au passé

La personne qui ne veut pas ou qui ne peut pardonner parvient difficilement à vivre le moment présent. Elle s'accroche avec obstination au passé et, par le fait même, se condamne à rater son présent, en plus de bloquer son avenir. Dans la pièce d'Eugene O'Neill, *Le long voyage dans la nuit*, Mary Tyrone s'épuise à ruminer sans cesse un passé pénible et fermé au pardon. Elle devient un poids et une source d'ennuis pour les membres de sa famille. Son mari exaspéré la supplie: «Mary, pour l'amour du ciel, oublie le passé!» À quoi elle riposte: «Pourquoi? Comment le pourrais-je? Le passé, c'est le présent, non? C'est aussi l'avenir. Nous essayons tous de sortir de là, mais la vie ne nous le permet pas.» Devant son impuissance à pardonner, sa vie s'est figée. Le souvenir du passé revient exacerber sa vieille souffrance. Le moment présent s'effiloche en ruminations inutiles; le temps passe sans bonheur; la joie possible des relations personnelles s'estompe. L'avenir est bouché et menaçant: plus de nouveaux liens affectifs, plus de nouveaux projets, plus de risques stimulants. La vie est restée ancrée dans le passé.

Mon expérience clinique avec les personnes endeuillées par la mort ou par la séparation d'un être cher m'a prouvé que le pardon est la pierre de touche permettant de vérifier si le détachement de l'être aimé a atteint son terme. Après avoir aidé la personne à reconnaître sa blessure, à nettoyer son univers émotif et à découvrir le sens de sa blessure, je l'invite à faire une séance de pardon: pardon à soi-même, afin d'éliminer chez elle toutes traces de culpabilisation, et pardon à l'être cher disparu afin d'expulser tout reste de ressentiment occasionné par la séparation. Dans la dynamique du deuil, le pardon représente une étape majeure et décisive. C'est lui qui dispose l'âme à l'étape suivante, celle de l'héritage où la personne en deuil récupère tout ce qu'elle avait aimé chez l'autre. Plus loin, je décris davantage l'étape de l'héritage ainsi que le rituel qui permet de le recevoir (cf. p. 229).

Se venger

Les premières séquelles de la vie sans pardon n'offrent rien de bien gratifiant, comme on vient de le constater. Qu'en est-il de la vengeance? Présente-t-elle des perspectives plus épanouissantes? Elle est sans doute la réponse la plus instinctive, la plus spontanée à l'affront. Pourtant, J.M. Pohier (1977: 213) écrit que chercher à compenser sa propre souffrance en infligeant de la souffrance à l'offenseur, c'est reconnaître à la souffrance une portée magique qu'elle est loin d'avoir. Sans doute la vue de l'offenseur humilié et souffrant procure-t-elle au vengeur une jouissance narcissique. Elle répand un baume temporaire sur sa souffrance personnelle et sur son humiliation. Elle donne à l'offensé le sentiment de ne plus se sentir seul dans le malheur. Mais à quel prix? C'est une courte satisfaction sans épanouissement véritable et sans créativité relationnelle.

La vengeance est en quelque sorte une justice instinctive venue des dieux primitifs de l'inconscient. Elle vise à rétablir une égalité basée sur la souffrance infligée d'une manière mutuelle. Dans la tradition du judaïsme, la fameuse loi du talion «Oeil pour œil, dent pour dent» avait pour but de réglementer la vengeance. Elle voulait atténuer les paroles de Lamek, le fils de Caïn qui proclamait à ses femmes: «Oui, j'ai tué un homme pour une blessure, un enfant pour une meurtrissure. Oui, Caïn sera vengé sept fois mais Lamek soixante-dix-sept fois!» (Genèse 4, 23-24) L'instinct de vengeance rend aveugle celui qui y cède. Comment donc est-il possible d'évaluer le prix exact d'une souffrance afin d'exiger du fauteur une souffrance équivalente? En vérité, offenseur et offensé s'engagent dans une escalade sans fin où il devient de plus en plus difficile de juger de la parité des coups. Pensons à l'exemple classique de la vendetta corse où les meurtres d'innocents se succèdent génération après génération. Certes, les vendettas de nos vies quotidiennes sont moins sanguinaires. Elles n'en restent pas moins très dommageables pour les relations humaines.

Chercher à rendre la pareille à son offenseur fait entrer victime et bourreau dans une dialectique répétitive. Dans la danse des vengeances, on est plus mené que meneur. Comme un mime sans liberté, on obéit aux gestes du fauteur et on est entraîné à répliquer par des actions aussi avilissantes. L'obsession de la revanche enferme dans la spirale de la violence. Seul le pardon peut briser le cycle infernal de la vengeance et créer de nouveaux modes de relations humaines.

Quand s'installe un climat de vengeance, on oublie souvent l'impact destructeur de celle-ci sur l'ensemble d'un milieu. Je connais, par exemple, une institution scolaire où un conflit de personnalité entre le directeur et un professeur a dégénéré en bataille rangée entre deux factions du corps professoral. Le climat de méfiance et de suspicion se propagea même chez les étudiants. L'atmosphère de travail et d'apprentissage en devint de plus en plus lourde et pénible. Aussi faut-il noter l'importance primordiale d'une attitude de pardon chez les personnes en autorité. Si elles se laissent entraîner par leur esprit de vindicte, on peut s'attendre à ce que le conflit atteigne des proportions énormes et incontrôlables chez leurs subalternes.

La satisfaction que procure la vengeance est de très courte durée. Elle ne peut pas compenser les dégâts qu'elle aura produits dans le réseau des relations humaines. En outre, la vengeance déclenche des cycles de violence difficiles à briser. L'obsession revancharde ne contribue en rien à guérir la blessure de l'offensé; bien au contraire, elle l'envenime. Par ailleurs, il ne faut pas croire que la seule décision de ne pas se venger constitue de soi le pardon. Néanmoins, elle demeure le premier pas important et décisif pour s'engager sur le chemin du pardon.

Chapitre 2

Une fable sur le pardon: Alfred et Adèle

À la frontière d'un petit village tranquille peuplé de rentiers et de quelques commerçants, se dresse une ferme aux bâtiments fraîchement peints. Elle est quadrillée de champs aux diverses couleurs et encadrés de rigoles bien droites. Voilà la ferme d'Alfred, un homme fier, intègre et peu bavard. Grand, maigre, le menton effilé, le nez aquilin, il est autant respecté que craint par les gens. Il est peu loquace, mais quand il parle, c'est pour prononcer des proverbes sur la valeur du travail ou le sérieux de la vie.

Sa femme, Adèle, a toujours le sourire accueillant et la parole avenante. Les gens se plaisent bien en sa compagnie. C'est une femme tout en rondeurs: son visage, ses seins, son postérieur...

Adèle souffre silencieusement auprès d'un mari avare de paroles et de caresses. Elle regrette dans son cœur d'avoir épousé ce «gros travailleur», qui faisait l'admiration de son défunt père. Certes, Alfred la fait bien vivre et lui est fidèle, mais tout absorbé qu'il est par le travail, il ne lui réserve que peu de temps pour l'intimité et le plaisir.

Un jour, Alfred décide d'écourter sa journée. Au lieu de travailler jusqu'à l'obscurité, il revient plus tôt que prévu à la maison. À sa grande stupéfaction, il surprend Adèle en flagrant délit avec un voisin, dans le lit conjugal. L'homme a tôt fait de s'enfuir par la fenêtre, tandis qu'Adèle désemparée se jette aux pieds d'Alfred pour implorer son pardon. Lui reste rigide comme une statue: blanc d'indignation, les lèvres bleues de rage, il parvient à peine à contenir le flot des émotions qui l'assaillent. De se voir ainsi cocufié, ses sentiments vont de l'humiliation à la colère en passant par une peine profonde. Lui qui n'est pas grand parleur, il ne sait que dire. Mais il se rend vite compte que le traitement du silence soumet Adèle à une torture plus grande que toute parole ou geste de violence.

On ne sait trop comment l'affaire d'Adèle s'est répandue au village, mais les «mauvaises langues» vont bon train. On prédit qu'Alfred va demander la séparation. Mais, déjouant les commérages, voici qu'à la grand-messe du dimanche Alfred se présente tête haute dans l'allée du milieu en compagnie d'Adèle qui trottine derrière lui. Parfait chrétien, il semble avoir compris les paroles du Pater, le précepte: «Pardonne-nous comme nous pardonnons à ceux qui nous ont offensés». Mais la gloire du pardon d'Alfred se nourrit secrètement de la honte d'Adèle.

À la maison, Alfred continue de tisonner le feu de sa rancune, faite de mutisme et de regards furtifs, pleins de mépris pour la pécheresse. Cependant, au ciel, on ne se laisse pas berner par les apparences de la vertu. Aussi on dépêche un ange pour redresser la situation. Toutes les fois qu'Alfred porte son regard dur et sombre sur Adèle, l'ange lui laisse tomber dans le cœur un caillou gros comme un bouton. Alfred ressent chaque fois un pincement qui lui arrache une grimace. Son cœur s'alourdit à un point tel qu'il doit marcher penché et s'étirer péniblement le cou pour mieux voir devant lui.

Un jour qu'Alfred est à couper son blé, il aperçoit, appuyé sur la clôture, un personnage lumineux qui lui dit: «Alfred, tu sembles bien accablé.» Surpris d'entendre prononcer son nom par un étranger, Alfred lui demande qui il est et de quoi il se mêle. L'ange lui dit: «Oui, je sais que tu as été trompé par ta femme et que l'humiliation te torture. Mais tu exerces une subtile vengeance qui te déprime toi-même.» Alfred se sent deviné, il baisse la tête et avoue: «Je ne peux m'enlever de la tête cette maudite pensée; comment peut-elle m'avoir trompé, moi, un mari aussi fidèle et généreux? C'est une putain; elle a sali le lit conjugal!» À ces mots, Alfred fait une grimace de douleur. L'ange lui offre alors de l'aider, mais Alfred est convaincu que personne ne pourra le soulager de son poids: «Tout puissant que tu puisses être, l'étranger, jamais tu ne pourras effacer ce qui est arrivé.» «Tu as raison, Alfred, personne ne peut changer le passé, mais tu as le pouvoir dès maintenant de le voir différemment. Reconnais ta blessure, accepte ta colère et ton humiliation. Puis, lentement, commence à changer ton regard sur Adèle. Est-elle la seule coupable? Souviens-toi de ton indifférence envers elle. Mets-toi dans ses souliers. Tu as besoin d'yeux neufs et magiques pour voir ton malheur sous un nouvel éclairage.»

Alfred ne comprend pas vraiment, mais il fait confiance à l'ange. A-t-il le choix de faire autrement avec ce poids brûlant au cœur? Dépourvu de moyens, il demande à son visiteur comment il pourrait modifier son regard. L'ange se mit à l'instruire ainsi: «Avant de regarder Adèle, détends les plis de ton front, les rides autour de ta bouche et les autres muscles de ton visage. Au lieu de voir en Adèle une femme méchante, regarde l'épouse qui a eu besoin de tendresse; rappelle-toi avec quelle froideur et dureté tu la traitais; souviens-toi de sa générosité et de sa chaleur que tu aimais tant au début de tes amours. Pour chaque regard renouvelé, je t'enlèverai un caillou du cœur.» Alfred accepte le marché tout en plaidant sa maladresse naturelle. Petit à petit, lentement, mais non sans efforts conscients, il s'applique à regarder Adèle avec des yeux neufs. Sa douleur au cœur s'estompe peu à peu. Adèle semble se transformer à vue d'œil: de femme infidèle, elle devient la personne douce et aimante qu'il avait connue au printemps de leurs amours. Adèle elle-même ressent le changement. Soulagée, elle retrouve sa bonne humeur, son sourire et sa ronde jovialité. À son tour, Alfred se sent tout changé. Son cœur encore meurtri par le passage des cailloux se laisse envahir par une profonde tendresse. L'émotion nouvelle qui le submerge lui fait encore peur. Mais, un soir, c'est en pleurant qu'il prend Adèle dans ses bras, sans un mot. Le miracle du pardon vient de s'accomplir.

Chapitre 3

Démasquer les fausses conceptions du pardon

Nous pardonnons trop peu
et nous oublions trop.
Madame Swetchine

Avant de songer à pardonner, il est impérieux de nous débarrasser des fausses idées sur le pardon. Nous baignons dans une culture chrétienne dont certaines valeurs, faute de discernement, sont exposées à la contamination d'interprétations folkloriques. Le pardon n'échappe pas à ce genre de déformation. Mais il y a encore plus grave. Des «maîtres spirituels» entretiennent par l'écrit et la parole de fausses idées sur le pardon. Il est dommage qu'il en soit ainsi, compte tenu du fait que le pardon, l'amour du prochain, et notamment celui des ennemis occupent une place centrale dans les enseignements évangéliques et dans ceux des autres traditions spirituelles. C'est pourquoi il est urgent de dénoncer les fausses conceptions qu'on s'est fabriquées autour du pardon ou sur son usage. On pourra ainsi éviter les culs-de-sac d'ordre psychologique et spirituel: les découragements, les injustices, les illusions spirituelles, les trahisons de soi, les blocages de la croissance humaine et religieuse.

À la lecture du présent chapitre, il se peut que certains lecteurs se sentent bousculés dans leur manière de concevoir et d'exercer le pardon. Les ateliers que j'ai tenus sur le sujet me permettent de le prévoir. Plusieurs participants à ces ateliers faisaient la pénible découverte de s'être trompés sur la nature du pardon et cela durant de nombreuses années. Mais peut-on mettre du vin nouveau dans de vieilles outres? Peut-on construire un nouvel édifice sans nettoyer le terrain et sans creuser un trou pour y mettre de solides fondations?

Pardonner n'est pas oublier

Combien de fois n'avons-nous pas entendu des paroles comme celles-ci: «Je ne peux pas lui pardonner parce que je ne peux pas oublier», ou encore «Oublie tout cela», «Tourne la page», «Ne t'arrête pas à cet affront, continue ta vie»? Cette façon de parler et de faire est sans issue. La raison en est simple. Oublier l'événement malheureux, même si c'était possible, empêcherait de pardonner, puisqu'on ne saurait plus ce que l'on pardonne. D'ailleurs, si pardonner signifiait oublier, qu'arriverait-il aux personnes douées d'excellente mémoire?

Le pardon leur serait inaccessible. Il s'ensuit donc que la démarche du pardon exige une bonne mémoire et une conscience lucide de l'offense; sinon, la chirurgie du cœur qu'exige le pardon ne serait plus possible.

C'est une erreur de faire de l'oubli le test du pardon. C'est le contraire qui est vrai. Le pardon aide la mémoire à guérir. Avec lui, le souvenir de la blessure perd de sa virulence. L'événement malheureux se fait de moins en moins présent et obsessionnel; la plaie se cicatrise peu à peu; le rappel de l'offense n'inflige plus sa douleur. C'est pourquoi la mémoire guérie se libère et peut s'investir dans autre chose que dans la pensée déprimante de l'offense.

Elles font donc montre d'une bonne santé mentale, les personnes qui affirment: «Je pardonne, mais je n'oublie pas.» Elles ont compris que le pardon ne demande pas l'amnésie de l'offense. Par contre, si en parlant ainsi elles voulaient signifier leur décision de ne plus faire confiance et de rester constamment sur leurs gardes, ce serait une preuve qu'elles n'ont pas conduit à terme la démarche de leur pardon.

Pardonner ne signifie pas nier

Lorsqu'on reçoit un coup dur, l'une des réactions les plus fréquentes est de se cuirasser contre la souffrance et contre l'émergence des émotions. Cette réaction de défense prend souvent la forme d'un déni de l'offense. Si le réflexe de se défendre persiste, elle peut à la fin devenir pathologique. La personne affligée se sentira stressée, gelée intérieurement, ne sachant trop la plupart du temps ce qui lui arrive.

Souvent, elle n'éprouvera pas même le besoin, sinon le désir, de guérir, et encore moins celui de pardonner. Il est alors évident que l'alchimie du pardon ne pourra pas produire son effet, tant et aussi longtemps que la personne concernée refusera de reconnaître l'offense avec sa séquelle de souffrance.

Or, à ma grande surprise, j'ai rencontré des «maîtres spirituels» qui ne tiennent pas le déni pour un obstacle majeur au pardon. Au contraire, ils y cherchent l'unique voie qui doive conduire au pardon. Edith Stauffer en est un exemple parmi bien d'autres. Dans *Amour inconditionnel et pardon*, elle s'inspire du Code de conduite essénien pour définir le pardon: «Pardonner, c'est annuler toutes les exigences, conditions et attentes retenues dans l'esprit et qui bloquent l'attitude d'amour.» (1987: 113) Veut-elle dire que, pour pardonner, il faudrait d'abord renier une partie de soi? Pareil pardon n'équivaudrait-il pas à un simple refoulement psychologique avec toutes les conséquences que l'on connaît? Fût-il motivé par «l'Amour inconditionnel», le pardon qui demande un refoulement ou l'amputation d'une partie de soi-même m'apparaît très dangereux.

N'est-ce pas là une approche beaucoup trop spiritualisante du pardon qui ne tient pas compte du rôle de l'émotivité? J'en ai constaté les effets néfastes dans le cas de Claudette. Cette femme avait des symptômes de dépression: stress, angoisse, insomnie, manque d'appétit, accès de culpabilisation. Dans le petit village où elle vivait avec ses enfants, son mari ne se gênait pas pour s'afficher en public avec une jeune maîtresse. Claudette et ses enfants en étaient profondément humiliés. Pour comble d'impudeur, le mari avait vidé le compte de banque familial afin de mener une vie extravagante avec sa nouvelle amie. Quand j'ai interrogé Claudette sur son état émotionnel, elle répondit d'emblée que grâce aux écrits d'un guide spirituel, elle avait pardonné à son époux. Toujours sur les conseils de ce guide, elle s'efforçait d'inonder son mari d'«énergies positives» pour contrer ses propres émotions «négatives». Parmi celles-ci, la colère surtout était susceptible de la détruire. J'ai donc dû contredire les conseils de son guide et je l'ai fortement encouragée à ne pas ignorer sa honte ni sa colère, mais bien à leur trouver des modes d'expression acceptables. Claudette comprit qu'elle n'était pas encore en situation de pouvoir pardonner. Il lui fallait d'abord respecter son émotivité. Sur mon conseil, elle trouva le moyen d'assumer sa colère et sa honte: faisant le ménage de sa maison, elle en profita pour frapper avec violence sur les tapis à la fois pour en faire sortir la poussière et pour dépenser elle-même son surplus d'adrénaline. L'acceptation progressive de sa colère d'abord, puis de la honte de se voir ainsi humiliée par son mari, permit à Claudette de se libérer des attaques d'anxiété et de culpabilité maladives.

Pardonner exige plus qu'un acte de volonté

Voici deux scènes familières. La première: un fils est mis en demeure de demander pardon à sa sœur pour avoir fouillé dans le journal intime de celle-ci et l'avoir ensuite taquinée sur ses amourettes. La seconde: une institutrice sépare deux enfants qui se disputent dans la cour de récréation et les oblige sur-le-champ à se pardonner mutuellement.

Notre première idée du pardon n'est-elle pas née d'expériences semblables de l'enfance? Certains de nos éducateurs brandissaient le pardon comme une formule magique apte à corriger tous les torts. Sans aucun égard pour le vécu émotionnel de l'enfant, le pardon était réduit à un simple acte de volonté capable de régler tous les conflits d'une manière instantanée et définitive. À cet âge, il ne nous venait pas à l'esprit de douter de la valeur d'un pardon aussi artificiel. Les lèvres le prononçaient mais le cœur n'y était pas. Il servait davantage à calmer l'anxiété de l'éducateur qu'à éduquer l'enfant.

Il est difficile d'échapper au pardon magique et instantané de notre enfance. Cette illusion nous donnait un tel sentiment de toute-puissance sur le monde de nos émotions! Nous avons dû déchanter plus tard. Nous nous sommes sentis bien déçus et même coupables de n'être plus capables de reproduire la même magie. L'erreur consiste à faire du pardon un simple acte de volonté au lieu d'en faire l'aboutissement d'un apprentissage. Un tel accomplissement est plus ou moins long selon la blessure, les réactions de l'offenseur et les ressources de l'offensé. La volonté est, bien sûr, appelée à y jouer un grand rôle, mais elle n'accomplit pas seule le travail du pardon. Toutes les facultés sont mobilisées dans le pardon: la sensibilité, le cœur, l'intelligence, le jugement, l'imagination, la foi, etc.

Pardonner ne peut être commandé

Ou bien le pardon est libre, ou bien il n'existe pas. Mais la tentation est grande, surtout chez certains prédicateurs, d'*obliger* les gens à pardonner *librement*. Cette mère de famille ne raisonnait pas mieux quand elle me demandait comment elle pourrait bien forcer son enfant à étudier librement. Un jour, j'écoutais le sermon d'un évêque à une messe télévisée du dimanche. Parti du bon pied, le pasteur expliquait que le pardon était un acte sublime de générosité ainsi qu'un «plus être»; mais il se mit ensuite à déraper en mettant toute l'insistance sur «l'obligation» chrétienne du pardon. Son discours était ponctué d'expressions comme «*il faut* pardonner», «*on doit* pardonner aux autres», «*commandement* de l'amour des ennemis», «*précepte* chrétien»... Les gros plans de la caméra sur l'assistance nous présentaient des auditeurs plutôt mal à l'aise. On devinait en eux un débat intérieur: la volonté de pardonner se heurtait aux réticences de sentiments et d'émotions qui demandaient eux aussi d'être écoutés.

Il est contre-indiqué de réduire le pardon, comme toute pratique spirituelle, à une obligation morale. On se condamne, ce faisant, à faire perdre au pardon son caractère gratuit et spontané. C'est pourtant ce qu'atteste une certaine pratique chrétienne. En voici une preuve des plus flagrantes: les chrétiens et les chrétiennes récitent chaque jour le Notre Père, mais ils ne se rendent pas toujours compte qu'une fausse interprétation donnée au «Pardonne-nous, comme nous pardonnons à ceux qui nous ont offensés» assimile le pardon à un acte de justice commandé. Ils croient qu'ils doivent nécessairement poser un geste de pardon avant de pouvoir eux-mêmes être pardonnés par Dieu. Ils oublient que le pardon de Dieu n'est pas conditionné par les pauvres pardons humains. Quelle image minable de Dieu se font-ils? Celle d'un être calculateur et mercantile, soumis à la loi du donnant-donnant.

Mais il y a encore plus. L'«obligation» du pardon dans le Notre Père laisserait sous-entendre que, dans le cas d'un non-pardon de sa part, l'homme encourrait la punition de n'être pas pardonné à son tour. Nous nous croirions alors plus dans l'esprit des commandements de l'Ancien Testament que sous l'appel à l'amour spontané et gratuit des Béatitudes. En ce qui me concerne, pour éviter toute ambiguïté dans la formule «Pardonne-nous nos offenses comme...», je la récite dans le sens des paroles de saint Paul: «Comme le Seigneur vous a pardonnés, faites de même, vous aussi.» (Colossiens 3, 13) Dans la même veine, une amie me confiait sa préférence pour la formule suivante: «Pardonne-nous nos offenses afin que nous puissions pardonner à ceux qui nous ont offensés.»

Pardonner ne veut pas dire se retrouver comme avant l'offense

Quand je racontai à une amie psychologue que j'écrivais un livre sur le pardon, elle devint toute songeuse. Elle m'avoua qu'elle se sentait incapable de pardonner à une amie qui avait trahi sa confiance en révélant ses confidences. «Je ne peux pas lui pardonner, dit-elle, car je me sens incapable de redevenir la même amie pour elle.» À ses yeux, pardonner signifiait se réconcilier, et se réconcilier voulait dire «revenir comme avant». Nous confondons souvent pardon et réconciliation, comme si l'acte de pardonner consistait à rétablir des rapports identiques à ceux que nous avions avant la faute. Dans les relations intimes de parenté, de vie commune et de travail, la réconciliation devrait être la conséquence normale du pardon. Mais en soi le pardon n'est pas synonyme de réconciliation, car il peut avoir sa raison d'être sans qu'il y ait réconciliation.

Nous pouvons pardonner par exemple à une personne absente, morte ou même inconnue. Il est évident que dans ces cas la réconciliation est impossible. Ainsi j'ai connu des parents qui ont pardonné au meurtrier de leur fille sans qu'ils l'aient ni vu, ni connu. Dans les thérapies de deuil, c'est une pratique courante de demander à la personne endeuillée de pardonner à un être cher disparu. Quand il s'agit de certains cas d'abus ou de violence, il est conseillé à la victime de mettre un terme à la relation avec son agresseur pour se protéger. Ce qui ne veut pas dire qu'il faille exclure le pardon dans un possible avenir.

Mais il est faux de penser qu'une fois le pardon accordé, il est possible de se retrouver comme avant avec son offenseur. Après avoir fait une omelette, peut-on récupérer les œufs? Après avoir cuit le pain, peut-on ravoir la farine? Il est impossible de retourner en arrière après avoir subi un tort. Ou bien on essaie de se faire croire que rien ne s'est passé, et alors on rétablit la relation dans le mensonge, ou bien on profite du conflit pour réviser la qualité de la relation et la relancer sur de nouvelles bases plus solides.

Pardonner n'exige pas qu'on renonce à ses droits

Après une conférence où j'avais parlé du pardon comme d'une étape importante dans la dynamique du deuil, une dame juive vint me dire: «Vous devriez faire plus attention quand vous parlez du pardon. Il est dangereux et même odieux de pardonner à des malfaiteurs, par exemple à des agresseurs sexuels. N'est-ce pas les encourager en quelque sorte à récidiver?» Pour cette dame et pour plusieurs personnes, pardonner signifierait renoncer à ses droits et à ce que justice soit faite. Par voie de conséquence, ce serait inciter les offenseurs et les tyrans à perpétuer leurs injustices. Bernard Shaw ne disait-il pas du pardon qu'il était «le refuge des truands»? Les chrétiens se font parfois reprocher la même chose, d'assimiler le pardon à une forme de démission devant les exigences de la justice, surtout quand ils ont tendance à offrir un peu trop facilement «l'autre joue».

C'est toute la question des rapports entre la justice et le pardon qui est soulevée ici. En traiter adéquatement me mènerait trop loin. Qu'il suffise de signaler que, tandis que la justice s'occupe de rétablir sur une base objective les droits de la personne lésée, le pardon relève d'abord d'un acte de bienveillance gratuite. Ce qui ne veut pas dire qu'en pardonnant on renonce à l'application de la justice. C'est ce que je fis comprendre à une femme qui m'écrivait pour me dire que son mari lui demandait le divorce, en lui refusant toute compensation pour ses vingt années de mariage et de travail. En dépit d'une injustice aussi flagrante, elle était prête à tout lui pardonner. «Même si j'ai élevé les enfants et travaillé au succès de sa carrière diplomatique, écrivait-elle, je ne veux lui faire aucun tort. Je lui pardonne de m'abandonner sans le sou, de vouloir m'enlever mes enfants et même de m'avoir rejetée pour aller vers une femme plus jeune.» À mon avis, une telle attitude, si belle et généreuse qu'elle puisse paraître, masquait beaucoup de peur et de lâcheté devant le supposé «grand homme». J'ai répondu à cette femme: «Vous confondez le pardon avec la justice. Choisissez-vous un bon avocat. Faites valoir vos droits. Et après, vous déciderez si vous voulez bien encore lui pardonner.» Ce qu'elle fit.

Le pardon qui ne combat pas l'injustice, loin d'être un signe de force et de courage, en est un de faiblesse et de fausse tolérance. Cela encourage la perpétuation du crime. C'est ce que certains évêques n'avaient pas compris lorsque, après avoir été informés d'abus sexuels de la part de l'un ou l'autre membre du clergé, ils ne sont pas intervenus à temps et avec vigueur.

Pardonner à l'autre ne veut pas dire l'excuser

«Je lui pardonne, ce n'est pas de sa faute.» Voilà une autre conception erronée du pardon. Erronée, parce que pardonner n'équivaut pas à excuser l'autre, c'est-à-dire à le décharger de toute responsabilité morale. Les prétextes ne manquent pas pour se justifier de le faire: l'influence de l'hérédité, de l'éducation, de la culture ambiante, etc. À ce compte-là, personne ne serait responsable de ses actions parce que personne ne jouirait d'une liberté suffisante. N'est-ce pas encore dans ce sens dévié qu'on interprète souvent le dicton populaire: «Tout comprendre c'est tout pardonner»? Autant décider de passer l'éponge sur tous les crimes.

La fausse excuse a souvent l'allure d'une manœuvre habile et camouflée qu'on utilise pour atténuer sa souffrance. Être persuadé que l'offenseur n'est pas responsable est moins pénible à supporter que de savoir qu'il a causé le tort en pleine connaissance et en toute liberté. Mais l'excuse facile peut devenir une arme à deux tranchants. Si d'un coté elle procure un soulagement, de l'autre, elle mésestime et méprise même l'offenseur. Elle affirme en sourdine: «Tu n'es pas assez intelligent pour être responsable d'une telle faute.» En somme, elle contribue davantage à humilier qu'à libérer. Gabriel Marcel illustre bien ce point dans la pièce de théâtre *La grâce.* Françoise, épouse infidèle, ne peut plus supporter le discours de son époux Gérard qui tente en vain de la disculper. Gérard lui dit: «Je n'ai pas à te pardonner... la raison de tes actes est hors de toi.» Françoise, humiliée, proteste: «Non, pas cela!... plutôt la mort!» (Davy 1959: 115)

Pardonner n'est pas une démonstration de supériorité morale

Certains pardons humilient plus qu'ils ne libèrent. Que se passe-t-il dans ces cas-là? Le pardon peut se transformer en un geste subtil de supériorité morale, de «suprême arrogance», précise un auteur. Sous une apparence de magnanimité, il peut dissimuler un instinct de pouvoir. Comment expliquer que le pardonneur cherche à prendre des airs de fausse grandeur? C'est qu'il essaie de cacher sa profonde humiliation. Il tente de se protéger de la honte et du rejet qui l'envahissent. Il tente de camoufler son humiliation en supériorité de seigneur blessé mais plein de générosité et de miséricorde.

La tentation est grande de pardonner pour épater la galerie. Du même coup, le pardonneur étale sa grandeur morale d'offensé pour mieux mettre en évidence la bassesse de l'offenseur. Or, tant qu'on utilise le pardon à ces fins, il est évident qu'on ne fait que le caricaturer. Le vrai pardon du cœur s'accomplit dans l'humilité et ouvre le chemin à une réconciliation véritable. Le faux pardon, au contraire, ne fait que maintenir une relation de dominant-dominé. C'est contre ce pardon hautain que Edmée, personnage de la pièce de Gabriel Marcel, *Un homme de Dieu,* se révolte. Elle avait été infidèle à son mari, pasteur protestant. Après avoir subi ce pardon hautain durant des années, elle n'en peut plus et s'exclame: «Cette grandeur d'âme à bon marché me fait horreur.» Et Claude de répondre: «À bon marché! Mais quand je t'ai pardonnée...» Edmée l'interrompt: «Si tu ne m'as pas pardonnée parce que tu m'aimais, qu'est-ce que tu veux que j'en fasse de ton pardon?» (Davy 1959: 142)

Le pardon qui ne sert qu'à démontrer sa supériorité morale est pratiqué par trois types de «professionnels» du pardon. D'abord, vous avez le compulsif qui vous matraque de son pardon pour les moindres peccadilles. Le second est le renifleur de culpabilité. Il envenime une situation pour le plaisir de se montrer clément et de vous accabler de son pardon. Le troisième est la perpétuelle victime dont l'exemple le plus courant est la femme du mari alcoolique. Elle compte attirer sympathie et gloire de son entourage parce qu'elle se sacrifie à vivre avec cet homme affreux et à lui pardonner sans cesse ses nombreuses «cuites».

Par conséquent, loin d'être une manifestation de pouvoir, le vrai pardon est d'abord un geste de force intérieure. Il faut, en effet, de la force intérieure pour reconnaître et accepter sa propre vulnérabilité et ne pas vouloir la camoufler sous des allures de fausse magnanimité. Il se peut qu'au départ on soit mû par le besoin de se montrer supérieur en pardonnant. Au cours de la démarche de pardon, il se présentera au pardonneur plusieurs occasions de se montrer vigilant à purifier les motifs qui viendraient vicier tous ses efforts généreux.

Pardonner ne consiste pas à se décharger sur Dieu

«Le pardon n'appartient qu'à Dieu.» Sans doute avez-vous entendu interpréter cette maxime comme si les humains n'avaient rien à faire dans l'acte de pardonner. Voilà un beau prétexte pour se décharger sur Dieu de sa propre responsabilité! Mais on aurait tort, car Dieu, dans le domaine du pardon comme dans tout autre domaine, ne fait pas à notre place ce qui relève de l'initiative humaine. Récemment, quelqu'un m'avouait que le pardon lui était facile: «Si quelqu'un me blesse, je m'empresse de demander à Dieu de lui pardonner. Ainsi, je n'ai pas à me laisser torturer par toutes sortes d'émotions de peine, de colère, de ressentiment ou d'humiliation.» Tout admirable que fût cette démonstration de foi, je n'étais pas sans me poser des questions sur la santé mentale d'un tel individu. Au lieu d'assumer son vécu si pénible qu'il fût, il s'en déchargeait sur Dieu. Qu'on me comprenne bien. Je crois à la nécessité de recourir au spirituel comme à un élément essentiel au pardon, mais je n'en crois pas moins qu'on doive se préparer d'abord sur le plan humain à la réception de la grâce de Dieu. Le pardon tient à la fois de l'action humaine et de l'action divine. La nature et la grâce ne s'éliminent pas, au contraire, elles se coordonnent et se complètent.

De telles caricatures du pardon ne sont pas fictives, mais bien réelles. John Patton, dans son livre *Is Human Forgiveness Possible?*, considère que les travestissements du pardon sont tels qu'il désespère de la possibilité de pardonner chez l'être humain. Mieux vaut, pense-t-il, s'en remettre totalement à Dieu qui seul peut pardonner. C'est pourquoi, au lieu de s'acharner à vouloir pardonner, l'offensé devrait concentrer ses énergies à prendre conscience du «pardon déjà réalisé en Lui» (1985: 120). La position de John Patton me semble exagérée et intenable. Elle ne tient aucunement compte de l'apport humain du pardon, si humble soit-il.

Rappelons enfin que si s'engager dans la voie du vrai pardon demande beaucoup de courage, éviter de céder aux mirages des faux pardons n'en exige pas moins.

Les grands paradoxes du pardon

Facile mais souvent inaccessible
Disponible mais souvent oublié
Libérateur pour l'autre et davantage pour soi
Sur toutes les lèvres et pourtant mal compris
Congénital au cœur humain
et pourtant illusoire
Vital pour les humains mais si souvent craint
Accordé à l'âme et cependant menaçant
Mystérieux et pourtant quotidien
Si divin et pourtant si humain

Chapitre 4

Le pardon, une aventure humaine et spirituelle

Le pardon,
c'est la sublimité au quotidien.
Vladimir Jankelevitch

Au cours d'une guerre entre deux pays, une rumeur: le camp ennemi vient de faire l'acquisition d'une arme redoutable. On charge alors des aveugles de pénétrer dans le camp ennemi pour espionner l'arme secrète. Leur handicap aidant, ils peuvent s'approcher du nouvel engin de guerre sans éveiller aucun soupçon. C'était un immense éléphant qu'ils s'empressèrent d'examiner à tâtons. À leur retour au camp, chacun fait son rapport. Le premier espion qui a exploré l'oreille déclare: «C'est une grande chose rugueuse, large et flexible comme un tapis.» Le second, qui a sondé la trompe, objecte: «Mais non, ça ressemble plutôt à un tuyau vide.» Le troisième, qui a exploré une patte, prétend au contraire qu'il s'agit d'un gros et solide pilier. Et ainsi de suite, chacun y allant d'une version contredisant celle de ses comparses.

On l'aura deviné. Il est aussi incongru de décrire le pardon par un de ses aspects que de réduire la description d'un éléphant à un de ses membres. En essayant de décrire les composantes essentielles du pardon, pourrai-je faire mieux que mes prédécesseurs? Je laisse au lecteur le soin d'en juger.

Le terme «pardon», tel qu'il est souvent utilisé dans la langue de tous les jours, est trompeur. Il ne traduit pas la réalité complexe qu'il est censé désigner. Il renvoie la plupart du temps à un acte de volonté instantané et isolé de son contexte. Mais le pardon véritable, c'est plus que cela! D'une part, il est plus qu'un acte d'effort volontaire; le processus du pardon fait appel à toutes les autres facultés de la personne. D'autre part, loin d'être un acte instantané, le pardon se situe dans le temps et s'échelonne sur une période plus ou moins longue. Il comporte un avant, un pendant et un après.

L'acte de pardonner requiert donc une foule de conditions tout aussi nécessaires les unes que les autres: du temps, de la patience avec soi-même, de la retenue de son désir d'efficacité, de la persévérance dans sa décision d'aller jusqu'au bout. Aussi, quand je cherche à trouver les expressions les plus appropriées pour le décrire, celles qui me viennent à l'esprit sont «conversion intérieure», «pèlerinage du cœur», «initiation à l'amour des ennemis», «quête de liberté intérieure». Toutes ces expressions reflètent la nécessité d'un cheminement.

Voici maintenant, dessinées à grands traits, ce que je considère comme les composantes principales du pardon.

Le pardon débute par la décision de ne pas se venger

«Le plus long chemin commence par un premier pas», dit un proverbe. Le premier pas à faire sur le long chemin du pardon est de décider de ne pas se venger. Non pas une décision prise sous l'élan d'un volontarisme implacable, mais dictée par la volonté de guérir et de grandir.

Inutile de revenir sur tous les déboires et misères qu'engendre la vengeance. Ils sont assez graves pour qu'on ne se laisse pas tenter par cette «descente aux enfers», même si la pente de l'instinct se fait invitante. Là-dessus, Jean Delumeau nous livre la pensée d'un poète cubain emprisonné pendant vingt-deux ans dans les prisons de Fidel Castro: «Pour lui, pardonner c'est casser l'engrenage de la violence, refuser de combattre avec les armes haineuses de l'adversaire, rester ou redevenir libre lors même qu'on est enchaîné.» (Perrin 1987: 5) Dans la même veine, Jean Marie Pohier écrit: «Le pardon consiste en quoi? À ne pas faire payer.» (1977: 214) Toute négative que soit cette définition, il n'en reste pas moins que la décision de ne pas se venger est le point de départ de tout véritable pardon.

Le pardon demande un retour sur soi

Comme un coup de pied dans une fourmilière, l'offense provoque trouble et panique. La paisible harmonie de la personne blessée en est chamboulée; sa quiétude, troublée; son intégrité intérieure, menacée. Ses déficiences personnelles jusque-là camouflées font tout à coup surface. Ses idéaux, pour ne pas dire ses illusions de tolérance et de générosité, sont mis à l'épreuve. L'ombre de sa personnalité émerge. Les émotions qu'on avait crues bien matées s'affolent et se déchaînent. On reste impuissant et humilié devant sa confusion. Les vieilles blessures mal guéries ajoutent leurs voix discordantes à la cacophonie.

Grande est alors la tentation de se refuser à prendre conscience de sa pauvreté intérieure et à l'accepter. Plusieurs manœuvres de diversion entrent en œuvre pour empêcher de le faire: nier, fuir dans l'activisme, essayer d'oublier, jouer à la victime, dépenser son énergie à retrouver le coupable, chercher une punition digne de l'affront, s'accuser soi-même jusqu'à la déprime, se raidir ou jouer au héros intouchable et magnanime, etc.

Céder à de telles manœuvres compromettrait la réussite du pardon qui exige de se libérer soi-même avant de pouvoir libérer l'offenseur. Une certaine littérature sur le pardon et, entre autres, celle du Nouvel Âge conseille de pardonner à froid sans se soucier de faire des retours sur ses états d'âme. C'est un mauvais conseil, car le pardon passe nécessairement par la prise de conscience de soi et par la découverte de sa pauvreté intérieure: honte, sentiment de rejet, agressivité, vengeance, désir d'en finir. Un regard plus lucide et vrai sur soi-même, voilà une halte obligatoire sur la route sinueuse du pardon. Un tel regard effraie au premier abord. Il peut même mener à la désespérance. Étape difficile mais indispensable, puisque le pardon de l'autre doit nécessairement passer par le pardon à soi-même.

Le pardon à la recherche d'une nouvelle vision des rapports humains

Pour Christian Duquoc, le pardon «est invitation à l'imagination». On ne saurait mieux dire, si étonnant que cela puisse paraître. L'imagination joue en effet un rôle essentiel dans la démarche du pardon. Le même auteur écrit également: «Le pardon représente cette innovation [versus la logique répétitive et inévitable de la justice vengeresse]; il crée un espace où la logique immanente aux équivalences judiciaires n'a plus cours. Le pardon n'est pas l'oubli du passé, il est le risque d'un avenir autre que celui imposé par le passé ou la mémoire.» (1986: 55) Pour s'engager dans la voie du pardon, il est donc important de rêver un monde meilleur où la justice et la compassion régneraient. «Utopie!» dira-t-on. Rien de moins sûr. Toute création d'un monde nouveau ne commence-t-elle pas par les fantaisies les plus extravagantes?

Le pardon fait donc partie de l'imaginaire. Il comporte une volonté de création, ou encore mieux, de recréation. Miguel Rubio en saisit toute l'originalité: «Pardonner n'est pas un geste de routine très répandu, n'est pas une coutume de tous les jours. C'est plutôt une fleur cachée, originale, qui fleurit chaque fois sur une base de douleur et de victoire sur soi.» (1986: 101) Créer, n'est-ce pas, après tout, faire quelque chose à partir de rien? Ce rien d'où part le pardon, c'est le manque ou le vide que la faute a introduit dans les relations humaines. Le pardon retourne la situation et crée une relation nouvelle avec le fauteur. Délivré de ses liens douloureux avec le passé, le pardonneur peut se permettre de vivre à plein le présent et de prévoir pour l'avenir des rapports nouveaux avec son offenseur.

Il aura à ce moment appris à cesser de regarder avec «l'œil mauvais» du ressentiment et à commencer de voir avec des yeux neufs. En psychothérapie, on parle alors d'un «recadrage». Comme l'indique le mot, il s'agit de voir l'événement malheureux dans un cadre élargi. Jusque-là, on était rivé à la blessure, incapable de voir autre chose, le cœur rempli de ressentiment. Voici que maintenant on a relevé la tête pour juger du tout dans une perspective plus juste et plus large. La vision s'élargit, s'ouvre sur une réalité plus grande et repousse les limites de l'horizon. L'offense qui avait occupé une place envahissante, s'est mise à perdre de l'importance en regard des nouvelles possibilités d'être et d'agir. Mais le travail ne s'arrête pas là.

Le pardon mise sur la valeur de l'offenseur

Pour parvenir à pardonner, il est essentiel de continuer de croire en la dignité de celui ou de celle qui a blessé, opprimé ou trahi. Sur le moment, il sera certes très difficile de le faire. Le fauteur apparaîtra comme un être méchant que l'on condamnera.

Mais, une fois opérée la guérison, il se peut que, comme dans l'histoire d'Alfred, la vision maléfique de l'autre se modifie. Derrière le monstre, on découvrira un être fragile et faible comme soi-même, un être capable de changer et d'évoluer.

De plus, pardonner, ce n'est pas seulement se libérer du poids de sa douleur, mais c'est aussi libérer l'autre du poids du jugement malveillant et sévère qu'on porte sur lui; c'est le réhabiliter à ses yeux dans sa dignité humaine. Jean Delumeau a trouvé des mots heureux pour le dire: «Le pardon est libération, délivrance, et re-création. Il nous rend neufs. (...) Il redonne joie et liberté à ceux qu'accablait le poids de leur culpabilité. Pardonner (...) c'est un geste de confiance à l'égard d'un être humain; c'est un "oui" à notre frère.» (Perrin 1987: 3) Dans le même sens, Jon Sobrino voit dans le pardon un acte d'amour de l'ennemi, un acte capable de convertir ce même ennemi: «Pardonner à qui nous offense, écrit-il, est un acte d'amour envers le pécheur que l'on veut libérer de son malheur personnel et à qui on ne veut pas fermer définitivement l'avenir.» (1986: 59)

Tout cela est bien beau, dira-t-on, mais n'y a-t-il pas toujours un risque à vouloir aller si loin? L'offenseur va-t-il se raidir et refuser la libération qu'on lui offre? Va-t-on se faire blesser une seconde fois par son refus du pardon? Le risque est certain. Vaut-il la peine d'être pris? Le vrai pardon exige une victoire sur sa peur d'être humilié une fois de plus. C'est ce qui fera écrire à Jean-Marie Pohier: «C'est pour cela que le pardon est dur. Parce qu'on a peur.» (1977: 215)

Arrivé à ce point, n'a-t-on pas raison de se demander si l'acte de pardonner ne dépasse pas les seules forces humaines?

Le pardon reflet de la miséricorde divine

Le pardon appartient en effet à deux univers: celui de l'humain et celui du divin. Dans la conception du pardon, il y a deux erreurs majeures à éviter. La première consiste à le réduire à un comportement purement et simplement humain qui serait motivé par la peur ou par la pitié. Un psychologue behavioriste assimile le pardon à une forme de manœuvre défensive. Pour lui, le pardon entre humains est commandé par la peur des représailles et de la destruction mutuelle. Le philosophe grec Sénèque voit dans la pitié le principal motif du pardon. Il résume sa pensée dans une formule célèbre: «Pardonne à plus faible que toi par pitié pour lui; à plus fort que toi par pitié pour toi.»

L'autre erreur, dont on a déjà fait mention, est de considérer le pardon comme la prérogative de Dieu seul. On laisse alors peu de place à l'initiative humaine. On affirme du même coup, mais sans nuances: «Dieu seul peut pardonner» ou «Le pardon, c'est l'affaire de Dieu», formules qui laissent peu de place à la responsabilité humaine. Certes, c'est «l'affaire de Dieu», si on entend, comme les traditions juive, chrétienne et musulmane, que Dieu est la source ultime du pardon authentique. Mais le pardon ne se fait pas sans la coopération humaine.

Le pardon se situe à la charnière de l'humain et du spirituel. Il est important de respecter ces deux composantes afin de bien les articuler, sinon on risque d'amputer le pardon de l'un ou l'autre élément essentiel. Sur ce point encore, Jean Delumeau a trouvé des mots justes. Il affirme que le pardon «constitue le seul trait d'union possible entre les hommes et entre les hommes et Dieu. (...) L'arc-en-ciel entre Dieu et les hommes, c'est le pardon.» (Perrin 1987: 5)

Jusqu'ici, nous avons examiné la part qui revient à l'être humain en matière de pardon: la décision de ne pas se venger, le retour sur soi pour se guérir, la création d'un ordre nouveau et enfin, la délivrance de son frère ou de sa sœur. Déjà, toutes ces tâches nous sont apparues presque au-delà des forces humaines. Avec raison, car le terme «pardonner», comme le suggère son étymologie, signifie donner en plénitude, comme «parfaire» signifie faire en plénitude. Or, le pardon comporte cette idée de plénitude puisqu'il exprime une forme d'amour porté à l'extrême, celle d'aimer malgré l'offense subie. Ce qui demande, pour s'accomplir, des forces spirituelles au-delà des forces humaines.

L'expérience spirituelle vécue au cours du pardon se situe dans un autre registre d'être et d'agir. À ce niveau, le moi personnel se dispose à abandonner le contrôle personnel de la situation. En d'autres termes, il se fait réceptif à l'inconnu et à l'imprévu s'il désire entrer dans la phase ultime du pardon.

C'est grâce à une «passivité active» qu'il se rendra attentif à l'action de l'Esprit qui souffle où il veut et quand il le veut. À ce moment-là, le travail psychologique patient et volontaire cède la place à l'attente décontractée et pleine d'espérance d'un pardon qui ne vient pas de soi mais d'un Autre.

Le renoncement à sa volonté de puissance, c'est-à-dire à vouloir être le seul agent du pardon, va plus loin qu'on ne le pense. Mes recherches là-dessus m'ont persuadé que pour réussir l'acte de pardonner on doit se détacher même de sa volonté de pardonner. Comme il serait gratifiant de pouvoir affirmer avec un air triomphant: «Je te pardonne.» Le pardon, dans sa phase ultime, ne connaît pas une telle suffisance. Il se fait discret, humble, voire silencieux. Il ne relève ni de la sensibilité, ni de l'émotivité, il émerge du fond de l'être et du «cœur» animé par l'Esprit. Il a quelque chose d'unique qui n'a rien de commun avec la sentimentalité, pense Lewis Smedes. Le pardon, affirme-t-il, possède un sentiment, une couleur, un climat particuliers, différents de tout autre acte de création dans le répertoire des relations humaines (1984: 38).

Comme on l'aura constaté, le pardon pose un réel défi. Le défi de maintenir la tension entre le psychologique et le spirituel. Une pédagogie du pardon complète et éclairée doit donc en tenir compte et c'est ce que j'ai voulu faire en répartissant la démarche du pardon sur douze étapes.

Je ne voudrais pas terminer ce chapitre sans citer un texte de Philippe Le Touzé qui décrit à merveille l'action créatrice de Dieu dans le pardon. Voici ce qu'il en dit en parlant des personnages de Bernanos, surnommé le prophète du pardon: «Les saints de Bernanos descendent dans l'abîme de cette "douce pitié". Le pardon est Dieu même, le Père miséricordieux du fils prodigue, l'Amour dans sa pure gratuité. L'Amour est créateur, se répand hors de lui, et le pardon est l'instrument de la création continuée, restaurée, remise à neuf. Là où les hommes engendrent la mort, il fait rejaillir la vie.» (Perrin 1987: 237)

Chapitre 5

Comment évaluer les offenses?

On pardonne tant que l'on aime.

Honoré de Balzac

«Mon père, après mûre réflexion, je me décide enfin à vous écrire pour vous pardonner de m'avoir "coulée" à mon dernier examen», m'écrit l'une de mes anciennes étudiantes. Je fus stupéfait par sa naïveté et sa désinvolture. Je ne comprenais pas pourquoi je devais être pardonné pour un échec qu'elle avait mérité. Je compris alors qu'il y a non seulement de faux pardons, mais aussi de faux motifs de pardonner. Comme dans le cas cité, on risque de banaliser le pardon et de s'en servir à mauvais escient. D'où la nécessité de bien discerner entre les circonstances où s'impose le pardon et celles qui n'ont rien à voir avec cette grande pratique spirituelle.

Voyons quelques exemples où le pardon n'a aucune raison d'être puisqu'on mérite la juste rétribution de ses actes. Je fais de la vitesse en voiture et je me fais coller une contravention; je joue aux cartes pour de l'argent et je perds; je me fais apostropher par mon patron pour mes nombreux retards au travail. Voilà autant de situations où je me retrouve frustré, irrité et blessé dans mon amour-propre. Mais, croyez-vous vraiment que le professeur, le policier, le croupier, le patron doivent me demander pardon pour les humiliations que je me suis attirées? La réponse est évidente. Le pardon ne doit être pratiqué que dans le cas d'offenses injustifiées. Ce qui, par ailleurs, se serait imposé si, dans les mêmes circonstances, le policier m'avait engueulé, le croupier avait triché, le patron m'avait humilié en public.

Offenses commises par des personnes aimées

Le pardon revêt des couleurs et des formes différentes selon qu'il s'agit de personnes intimes ou de simples étrangers. Qui peut nous blesser plus profondément que les personnes aimées? Avec elles, nous avons tissé des liens d'affection. Elles font en quelque sorte partie de nous-mêmes. Nous les avons enveloppées d'un halo idéalisant et, par la suite, nous pensions pouvoir beaucoup attendre d'elles. C'est pourquoi la gravité de la blessure se mesure moins à la gravité objective de l'offense qu'à la grandeur des attentes, que celles-ci soient réalistes ou non.

Les cas d'attentes démesurées sont nombreux. Ainsi les enfants idéalisent leurs parents et exigent d'eux une tolérance et un amour inconditionnels.

En revanche, la plupart des parents s'attendent à ce que les enfants se conforment parfaitement à leur discipline et qu'ils réalisent à leur place les rêves qu'ils n'ont pas réussit à concrétiser dans leur propre vie. De même, l'amour passionnel est fécond en rêves irréalistes. Les conjoints et les amoureux espèrent pouvoir être toujours devinés dans leurs désirs sans avoir à les exprimer. Ils voudraient toujours être compris, aimés, appréciés, sécurisés par la présence constante de leur partenaire. Je vous fais grâce de la liste des attentes et des espoirs implicites entretenus par les amoureux, les parents, les enfants, les sœurs, les frères et les amis. Ce qu'il importe de retenir ici, c'est que le pardon a un rôle indispensable à jouer dans les relations intimes en raison de leur intensité et des nombreuses occasions d'accrochages.

Bien entendu, il faut se garder de transformer en drames les petits ennuis ou désappointements passagers de tous les jours. L'époux arrive en retard pour le souper ou se méprend sur la date de l'anniversaire de naissance de son épouse; l'enfant salit le plancher fraîchement lavé; le dernier qui s'est servi de la voiture familiale a négligé de faire le plein d'essence. On éprouve sans doute, à ce moment, de la déception, de la frustration et peut-être de l'agressivité. D'un côté, il n'y a pas lieu d'accorder trop d'importance à de tels incidents. Il ne faut pas non plus les ignorer totalement. Ils peuvent être le signe que l'on a sur les bras un problème de relation qu'il faudra examiner, résoudre et, peut-être, régler par un pardon. Ce serait le cas si, après avoir attiré l'attention des responsables sur leurs petits méfaits, on ne constatait aucun changement dans leur conduite. Il faudrait alors examiner la situation et la résoudre, quitte à recourir au pardon, si nécessaire.

Il arrive que des faits anodins de la vie quotidienne puissent entraîner des conséquences graves. Un chirurgien me confia qu'il pensait divorcer d'avec sa nouvelle épouse parce qu'elle était une couche-tard. Souvent, en se mettant au lit, elle le sortait de son précieux sommeil. Parfois, aux petites heures, elle avait besoin de dialoguer, surtout pour régler un désaccord. Le pauvre homme avait besoin de toutes ses nuits de repos pour garder sa concentration et la dextérité de ses mains. Il en était arrivé à détester son épouse au point de penser qu'elle voulait détruire sa profession.

Il existe des manques d'égard encore plus sérieux. Pensons aux trahisons et aux manques de loyauté entre personnes qui devraient s'aimer. Leurs fautes causent des blessures douloureuses et durables, car on croit tout naturel que les parents, les amis, les collègues prennent son parti quoi qu'il arrive. Entre eux, il s'est noué une sorte de contrat tacite de protection mutuelle, qu'ils soient présents ou non. Ainsi, je fus à la fois blessé et peiné par l'indiscrétion d'un vieil ami à mon endroit. En conversation intime, je lui avais confié un secret qu'il s'était empressé de révéler à une personne qui m'était, par surcroît, très antipathique. Je dois confesser que, depuis lors, je n'ai pas eu le courage de lui demander de s'expliquer sur son indiscrétion, de sorte que notre amitié en est demeurée fort détériorée.

Que dire des trahisons? Il n'y a rien d'aussi pénible que d'apprendre que l'on a été trahi par une personne que l'on estime beaucoup. Par exemple, vous entendez dire qu'un ami parle dans votre dos, que votre conjointe vous trompe avec un de vos amis, que votre collègue de travail accumule du pouvoir à vos dépens...

Il y a des manques de loyauté à l'égard des proches qui revêtent des formes plus subtiles, mais non moins froissantes, comme celles du ridicule et du sarcasme. Elles demeurent pénibles à supporter même par ceux et celles qui en sont témoins. Pour ma part, j'avoue par exemple que je me sens très mal à l'aise lorsque j'assiste à des empoignades conjugales en public. En voici quelques exemples: une épouse fait allusion aux pauvres performances sexuelles de son mari, un époux se plaît à relever les fautes de français de son épouse d'origine étrangère. De telles scènes deviennent insupportables pour les témoins. Et que dire du conjoint humilié!

Sans doute, les actes de violence entre personnes qui ont juré de s'aimer comptent parmi les offenses les plus cruelles et les plus déplorables. Les statistiques révèlent des chiffres effarants sur le nombre de femmes agressées par leur mari ou leur compagnon. Par ailleurs, les statistiques se taisent sur la violence verbale et psychologique qui a précédé les coups. Enfin, que dire de cette épidémie d'abus sexuels commis par les parents sur leurs enfants et que notre société a décidé de rendre publics?

Jusqu'ici, nous avons parlé de manquements graves à l'amour des proches. Certaines situations de séparation peuvent, au premier abord, sembler ne pas demander d'être soignées par un pardon, car elles ne sont pas intentionnelles. Prenons le cas du départ des grands enfants. Même si, avec sa raison, on sait que l'enfant doit s'envoler du nid familial, les cœurs de chacun des membres de la famille sont serrés de peine et, souvent, d'agressivité. Combien de cérémonies de mariage où l'on consacre le départ du fils ou de la fille du foyer, sont beaucoup plus tristes qu'on ne voudrait le laisser voir.

La séparation d'un être cher par la mort éveille une foule de sentiments, comme la peur, la peine, la colère et la culpabilité. C'est pourquoi, au cours des thérapies de deuil, j'invite les survivants à accomplir un rituel de pardon pour surmonter leur colère et leur sentiment de culpabilité. En demandant pardon à leur proche décédé, ils se libèrent de leur culpabilisation d'eux-mêmes de ne pas avoir su l'aimer davantage; en lui accordant le pardon, ils éliminent les restes de colère d'avoir été abandonnés.

Les offenses commises par des étrangers

Un chauffard vous coupe la voie; un client pressé vole votre place dans le rang à la caisse; un chauffeur d'autobus vous répond avec brusquerie; la téléphoniste vous répond en anglais alors que vous aviez demandé d'être servi en français. Voilà autant d'ennuis qui ne demanderaient pas, bien sûr, de longues démarches de pardon. Sur le coup vous aurez une légère poussée d'adrénaline, mais vous aurez tôt fait d'oublier ces impertinences. Après tout, vous vous dites que ce sont des inconnus.

L'offense qui vient d'un étranger doit donc être plus sérieuse que cela pour faire perdre sa paix intérieure. Elle doit représenter une atteinte à l'intégrité physique, psychologique, sociale ou morale. Considérons, par exemple, le cas d'un vol par effraction à son domicile. On déplore, certes, la perte des objets volés surtout s'il s'agit d'objets précieux en raison de la valeur sentimentale qu'on leur attache. Mais ce qui heurte plus profondément, c'est la prise de conscience de la violation de son territoire. Plus l'offense atteint de près la personne, plus on en est atterré: actes violents sur des personnes aimées, attaques à sa réputation, brutalités physiques, touchers sexuels, viols, etc. Sa sécurité personnelle est menacée; les frontières de sa personne, violées; on est en quelque sorte mis à nu et à la merci de l'autre. La honte et la panique qui s'ensuivent constituent un obstacle majeur au pardon, ainsi que nous le verrons plus loin. Notons enfin que la sévérité de la blessure se trouvera souvent très aggravée par les souvenirs mal guéris de l'enfance.

L'affront infligé par un étranger devient d'autant plus traumatisant que l'on ne parvient pas à en percer le motif. Comment voulez-vous pardonner à des terroristes politiques sans visage qui ont enlevé, torturé et tué des membres de votre famille? Francine Cockenpot, musicienne et poète française, s'y est essayée. Après avoir failli mourir aux mains d'un agresseur anonyme, elle s'était sentie obligée d'établir une relation avec ce parfait inconnu. Pour entrer en contact avec lui et conjurer sa détresse, elle se mit à lui écrire, sachant bien que ses lettres ne parviendraient jamais à son destinataire: «Dès mon retour, dit-elle, comme pour exorciser ma panique, j'ai attrapé un crayon et un bloc et je me suis mise à écrire. Jusqu'à cinq ou six lettres chaque nuit, sans pouvoir me relire, car j'avais perdu un œil. J'écrivais à mon agresseur, cet inconnu dont je ne connaissais rien, pas même le son de la voix puisqu'il n'avait pas répondu quand j'avais crié: “Mais pourquoi voulez-vous me tuer?”» (Agresseur 1987: 5)

Les offenses perdues dans son passé

Que l'offense provienne d'un être aimé ou d'un pur étranger, il faut toujours se rappeler qu'elle est susceptible de mobiliser les souvenirs et de provoquer une réaction en chaîne. Les vieilles blessures que l'on croyait bien refoulées et enterrées se réveillent, augmentant du même coup la panique et le désarroi. L'offense est alors perçue à travers le regard apeuré et grossissant de l'enfant qui vit en soi-même.

C'est ce qui arriva à un travailleur social qui, en thérapie, me racontait ses multiples difficultés de relation avec ses supérieurs masculins. Il insistait sur le manque d'honnêteté de ces derniers, ce qui semblait expliquer son peu de confiance à leur égard. Par moments, il se rendait compte qu'il «charriait» et n'hésitait pas à se traiter de «parano». Fatigué de ces perpétuels conflits avec la direction, il me demanda de l'aider à découvrir la racine de son attitude méfiante à l'endroit de ses chefs. Il en avait longtemps cherché la cause par ses propres efforts d'introspection, mais il avait l'impression de tourner en rond. Je lui demandai alors de revivre sur-le-champ son sentiment de méfiance et, à partir de là, de remonter progressivement dans son passé et de retracer tous les événements où il avait ressenti de la méfiance à l'égard des autorités. Il lui a fallu recommencer plusieurs fois avant de réussir, car l'événement premier restait bien dissimulé. Au cours d'une reprise à laquelle il s'appliquait beaucoup, il se mit soudain à sangloter. Il venait de revivre l'événement malheureux. À l'âge de sept ans, après avoir subi une amygdalectomie, il s'était réveillé et retrouvé seul et souffrant dans une chambre d'hôpital. Il avait été pris de panique. Son père n'était pas venu le voir à son réveil comme il l'avait promis. Il attendit tout l'après-midi et toute la soirée, mais en vain. De plus, le chirurgien lui avait aussi promis de lui apporter de la crème glacée. Lui non plus ne s'était pas montré. Tout au plus l'infirmière lui avait-elle fait quelques courtes visites. L'enfant, se sentant ainsi délaissé, avait pris le parti de ne plus faire confiance aux grandes personnes, surtout aux hommes. Après avoir beaucoup pleuré, il comprit enfin d'où venait sa méfiance obsessionnelle à l'égard des hommes en autorité. Il put alors pardonner à son père et à son chirurgien d'avoir manqué à leur parole, et revivre d'autres conflits du passé avec ses supérieurs pour les désamorcer.

L'histoire de cet homme est loin d'être unique. Dans un grand nombre de cas, l'impuissance à pardonner trouve son origine dans de vieilles blessures ou frustrations de l'enfance.

Chapitre 6

À qui s'adresse le pardon?

Les hommes ne peuvent vivre ensemble s'ils ne se pardonnent pas les uns les autres de n'être que ce qu'ils sont.

François Varillon

Les relations humaines deviendraient impossibles si le pardon n'existait pas. À qui s'adressent les pardons? D'abord à soi-même, puis aux membres de sa famille, à des proches et à des amis, mais aussi à des étrangers, aux institutions, à des ennemis traditionnels, enfin à Dieu. Voici une liste bien incomplète d'exemples de situations de pardon.

Pardon aux membres de sa famille

C'est aux membres de sa famille qu'il est le plus important de pardonner car les relations intimes sont susceptibles d'engendrer des conflits fréquents.

Aux parents qui t'ont déçu quand tu es devenu conscient de leurs défauts.

À ce père jaloux de la réussite de son fils.

À cette mère couveuse qui ne te laisse pas grandir.

À ce père absent et silencieux.

À ce frère ou à cette sœur qui a pris ta place dans la famille.

À ce frère qui te refuse son aide dans un moment de détresse.

À ce frère qui n'a pas voulu t'initier à son groupe d'amis.

À ton père ou à ta mère alcoolique qui te faisait honte.

À ton père incestueux qui t'a fait perdre confiance en lui et dans les hommes.

À ton conjoint qui change à tel point que tu ne le reconnais plus.

À ton mari qui t'a humiliée par ses escapades sexuelles.

À ton épouse qui t'a trompé en couchant avec ton camarade.

À ton conjoint pour ses remarques humiliantes.

À ton époux qui essaie sans cesse de te dominer.

À ton conjoint avec qui tu as divorcé.

À cette belle-mère jalouse à qui tu as «volé» son fils.

À ce beau-père qui te fait des avances.

À ton enfant qui demande plus d'attention que tu ne peux lui en donner.

À ton adolescent qui te fait honte par sa conduite délinquante.

À ton garçon ou ta fille qui refuse de se plier à ta discipline.

À ton enfant qui ne respecte pas tes valeurs et qui détruit tes rêves d'avenir sur lui.

Etc.

Pardon aux amis et aux proches

Il arrive souvent que l'on fonde de grands espoirs sur ses amis et ses connaissances. C'est là une immense source de déceptions.

À tes amis qui t'ont blessé injustement.

À ton ami qui t'a laissé tomber au moment où tu avais besoin de lui.

À l'amie qui a commis l'indiscrétion de livrer ton secret.

À l'ami qui ne te reconnaît plus en présence de personnages importants.

À cet être cher qui t'abandonne en déménageant ou en mourant.

À l'ami qui oublie ses promesses.

À l'amie qui ne se confie jamais à toi.

Aux professeurs bêtes ou rigides qui t'ont fait perdre un temps précieux à l'école.

Au directeur qui a besoin de s'affirmer en t'humiliant.

Au collègue de travail qui te dénigre devant le patron.

Au patron qui te fait des remarques désobligeantes en public.

Etc.

Pardon aux étrangers

Les circonstances de la vie t'imposeront la présence d'individus indésirables qui te causeront des torts imprévus et imprévisibles.

À ce chauffard ivre qui a tué ton enfant.

À ce médecin qui a fait un diagnostic erroné et qui, en conséquence, t'a fait perdre ton temps, ton argent et ta santé.

À ce conducteur qui a endommagé ta voiture dans le stationnement sans t'en informer.

À ce voleur qui a violé l'intimité de ton domicile.

Etc.

Pardon aux institutions

Il devient plutôt difficile en raison de leur anonymat de pardonner à des institutions ou à des associations. Mais il reste qu'elles ont des représentants à qui tu peux adresser ton pardon.

À cette compagnie qui te remercie après de longues années de service fidèle.

À l'Église qui oblige cet homme à la chasteté pour devenir prêtre.

Aux lois implacables appliquées sans discernement par des policiers.

À l'Église qui tarde à t'accorder la dispense des vœux.

Aux législateurs qui votent des lois favorisant les plus nantis.

Etc.

Pardon aux ennemis traditionnels

Il peut paraître exagéré, à première vue, d'étendre son pardon aux ennemis que le pays a connus au cours de l'histoire. On se justifiera peut-être, en prétextant l'impossibilité de se mettre à la place des victimes. Cette explication se défend mal, car il existe la mémoire collective par laquelle un peuple garde vives les blessures infligées à ses ancêtres. Elle entretient des préjugés et des soupçons quand elle ne fomente pas l'inimitié ou n'excite pas des attaques injustifiées contre les descendants de ces ennemis. Dans la mesure où l'on ressent encore en soi les humiliations du passé transmises par la mémoire de génération en génération, le recours au pardon guérisseur devient une nécessité.

Aux nations qui ont vaincu tes ancêtres.

Au peuple qui a humilié le tien en lui interdisant de parler sa langue et de pratiquer sa religion.

Au vainqueur qui a utilisé des tactiques d'assimilation.

À la race qui a pratiqué un génocide de la tienne ou a tenté de le faire.

Etc.

Pardon à Dieu

Il arrive même que Dieu soit traîné au banc des accusés. Sujet délicat à aborder s'il en est un et qui m'amènerait à discuter l'épineux problème de la coexistence du mal dans le monde et de la bonté de Dieu. La question est trop complexe pour que je puisse en traiter d'une façon satisfaisante dans le cadre restreint de ce livre. Qu'on me permette de signaler à celui qui veut progresser dans sa vie spirituelle, et dès lors renforcer sa capacité de pardonner, que Dieu, loin de vouloir ou même de permettre le mal dans le monde, en est la première victime, si l'on pense au Dieu de Jésus Christ. Alors je me contenterai de poser ici une simple question, conscient de ne pas y apporter une réponse adéquate: «À quel Dieu doit-on pardonner?» Le Dieu tout-puissant auquel on attribue beaucoup de torts n'est pas le Dieu impuissant et humble que Jésus Christ a enseigné.

Parce qu'il laisse souffrir et mourir les petits enfants.

Parce qu'il dit m'aimer et ne vient pas m'aider dans les moments pénibles.

Parce qu'il est censé être partout et que je ne le vois pas.

Parce qu'il ne semble pas répondre à mes demandes.

Parce qu'il ne m'accorde pas le bonheur auquel me donnerait droit l'accomplissement fidèle de mes devoirs religieux.

Parce qu'après m'avoir fait connaître un bout de ciel à travers un grand amour, il est venu chercher celui ou celle que j'aimais.

Parce qu'il laisse commettre des abus, même dans son Église, sans intervenir.

Parce qu'il me juge sans cesse.

Parce que je ne peux pas atteindre la perfection qu'il m'oblige à viser.

Etc.

Pardon à soi-même

J'ai mis le pardon à soi-même en fin de liste. En réalité, dans la démarche du pardon, il doit être placé en tête. En effet, le pardon à l'autre qui n'aura pas été précédé d'une acceptation compatissante de soi-même et de sa pauvreté, ne peut être que superficiel. Mais de quoi faut-il se pardonner?

De m'être mis dans une situation où je me suis fait blesser.

De ne pas avoir su quoi faire ou quoi dire.

D'être tombé amoureux, sans réfléchir.

De m'être déprécié moi-même avec les paroles de celui ou de celle qui m'a insulté.

De m'être fait des reproches et avoir pris le parti de mon offenseur.

D'avoir enduré trop longtemps une mauvaise relation.

De me sentir vulnérable et de vouloir aimer encore.

De mon caractère perfectionniste qui ne permet aucune erreur.

Etc.

Chapitre 7

Une expérience de pardon en vérité

Pardonne pour libérer
en toi les forces de l'amour.

Martin Gray

Lire un ouvrage sur le pardon peut être d'une grande utilité, mais rien ne remplace l'expérience. Pour t'y exercer, je te propose une expérience sous forme de méditation. Dans le pardon comme dans toutes les autres pratiques spirituelles comme la méditation ou la prière, on n'improvise pas. J'ignore vraiment où est née l'idée que l'on peut réussir à pardonner du premier coup sans s'y être exercé au préalable.

Directives pour bien vivre une expérience de pardon

Voici quelques directives concernant la méditation pour t'aider à réussir cet exercice:

1– L'essentiel de l'expérience va consister à suivre attentivement les mouvements de ton cœur, à apprendre des choses sur toi et à t'accepter comme tu es dans ton cheminement. Tout d'abord, évite de te forcer à pardonner à tout prix. Il se peut que le pardon tombe assez tôt dans ton cœur comme un fruit mûr, et c'est tant mieux. Il se peut aussi que tu sentes ton cœur se fermer à toute compassion, et c'est bien aussi. Accepte tout mouvement intérieur, de quelque nature qu'il soit. Tout décidé que tu sois à te prêter à l'expérience, donne-toi même la permission de la suspendre dès que tu en sens le besoin.

2– Pour cet exercice, je te conseille de choisir une offense légère. De même qu'aux tout premiers exercices de conditionnement physique on ne s'aventure pas à soulever des poids de cinquante kilos, ni à courir le marathon, ainsi en est-il du pardon. Ne commence donc pas par vouloir pardonner des offenses graves, comme celle de l'escroc qui t'a ruiné ou celle d'un ex-conjoint qui t'a brutalisé durant des années. Choisis plutôt celle du chauffeur d'autobus polisson, de l'adolescent rebelle ou encore du patron bourru.

3– Enregistrer la méditation sur une bobine pourrait t'aider à te concentrer davantage.

4– À la fin de ta méditation, il te serait utile de rédiger un journal de tes impressions. Il serait encore plus avantageux de les partager avec un compagnon, ce qui t'aiderait à pousser plus loin ta réflexion.

5– La méditation dure environ vingt minutes. Pour en faciliter le déroulement, élimine tout ce qui pourrait te distraire, la sonnerie du téléphone, par exemple. Prends une posture confortable. Il serait préférable d'être assis, les deux pieds touchant le sol et les yeux fermés.

Déroulement de la méditation

(Voir p. 256)

Prends le temps d'entrer en toi-même.

Peu à peu, centre ton attention sur les mouvements de ton cœur.

Ressens bien ses battements et sa chaleur.

....

Puis, pose-toi ces questions: «Qu'est-ce que le pardon représente pour moi? Quelle nouvelle qualité de vie pourrait-il m'apporter?»

....

Rappelle-toi une expérience heureuse où tu as été toi-même pardonné.

Prends le temps de goûter à la joie de ce pardon.

Imagine-toi un monde qui serait fait de relations heureuses et de pardons.

....

Maintenant, laisse monter en toi le souvenir de la personne pour laquelle tu éprouves du ressentiment. Vois-la. Entends-la. Continue de ressentir ce qui monte en toi en toute vérité.

....

Avec beaucoup de présence à ton vécu et de délicatesse à ton égard, laisse approcher cette personne que tu avais rejetée de ton cœur.

Prends conscience des blocages qui peuvent se produire en toi en ce moment. Laisse émerger les émotions et les sentiments qui t'animent. Prends le temps de bien les identifier et de les accepter.

....

Si tes émotions sont trop fortes, ne va pas plus loin. Prends le temps de bien les digérer et de les assimiler avant de poursuivre.

Si tu te sens bien, continue de laisser s'approcher la personne à qui tu veux pardonner. Continue d'observer ce qui se passe en toi.

Quand tu te sentiras prêt, laisse-la entrer dans ton cœur. Chuchote-lui: «Je te pardonne.» Adresse-toi à son cœur et, dans tes propres mots, à ta manière, répète-lui doucement: «Je te pardonne tout ce que tu as fait d'une manière délibérée ou non dans le passé et qui m'a fait mal ou qui m'a fait du tort: tes paroles, tes gestes ou même tes pensées. Je te pardonne. Je te pardonne.»

Prends conscience jusqu'à quel point cette personne est elle-même souffrante, effrayée et blessée.

Laisse-lui le temps de recevoir ton pardon et d'en être touchée.

....

C'est si émouvant, si grand, si réconfortant de constater que deux cœurs se rejoignent dans le respect et la paix!

Tu réaliseras que pour toi l'offense est bien finie, terminée, réglée, qu'elle n'a plus prise sur toi. Ce qui pouvait rester de ressentiment s'efface avec le pardon parce que vos deux cœurs se sont rejoints et reconnus avec beaucoup de sympathie.

Oui, tout est bien fini avec le pardon.

....

Puis, avec ta bénédiction, laisse-la maintenant s'en aller comme une personne libérée, transformée, rajeunie par ton pardon. Laisse-la continuer sa route en lui souhaitant le plus grand bonheur possible.

....

Donne-toi le temps de savourer cette guérison. Remercie Dieu de t'avoir donné cette grâce.

Suites à la méditation

Accorde-toi un moment de réflexion pour en recueillir tous les fruits, soit en les partageant avec quelqu'un, soit en notant tes impressions dans un journal. À cette fin, les questions suivantes pourront t'être utiles:

Qu'est-ce que tu as vécu au cours de la méditation?

Si tu te sens libéré, félicite-toi et fête ce pardon.

Si tu as rencontré des obstacles, félicite-toi de ton courage et prends le temps de bien les identifier.

Qu'est-ce qui bloque encore en toi? Prends le temps de t'accepter dans ce blocage.

Qu'est-ce qu'il te faudrait pour défaire ce ou ces blocages?

Que te faudrait-il faire pour progresser dans le pardon?

Après t'être mis au courant des diverses étapes à parcourir pour pardonner (cf. p. 83-84), demande-toi à laquelle tu es parvenu.

DEUXIÈME PARTIE

Introduction

Les douze étapes du pardon authentique

Il est surprenant de constater combien sont rares les écrits de psychologie sur le pouvoir thérapeutique du pardon. À ma connaissance, aucune des grandes écoles de psychothérapie n'a jamais essayé d'apporter une explication à la vertu curative du pardon. D'ailleurs, elles n'ont pas songé à faire une place au pardon dans leur conception de la personnalité (Shontz et Rosenak 1988: 23, 29). Comment expliquer cette lacune? Sans doute provient-elle de leur tendance à réduire le pardon à une activité purement religieuse. Si c'était le cas, ce serait une grave erreur. Car, ainsi que nous l'avons vu, le pardon touche à toutes les dimensions de la personne, autant à ses dimensions spirituelles que biologiques et psychologiques.

Par ailleurs le pardon connaît aujourd'hui une grande actualité. Il s'est développé un intérêt accru pour lui comme facteur important de santé physique, psychologique et spirituelle. Théologiens, psychologues, médecins et thérapeutes commencent à peine à découvrir sa valeur thérapeutique. Pourquoi ce soudain intérêt? Peut-être parce que l'on commence à se départir peu à peu d'une conception magique ou volontariste d'un pardon fait sur commande. Au lieu d'y voir une sorte de magie ou un simple effort de volonté, on se rend de plus en plus compte que ne pardonne pas qui veut. Le pardon suit les lois du développement humain et se conforme aux phases de la maturation de la personne. Loin d'être le fruit d'un coup de volonté, le pardon résulte d'un processus qui engage toutes les facultés de la personne et suit un cheminement réparti sur plusieurs étapes.

Ces étapes sont plus ou moins nombreuses selon les auteurs consultés (voir appendice). Quant à moi, à la lumière de mon expérience personnelle et clinique et de mes lectures, j'en suis arrivé à la conclusion que douze étapes sont requises pour parvenir à un pardon authentique. Pourquoi douze? Pour des raisons d'ordre pédagogique. En divisant la difficulté de pardonner en plusieurs étapes, j'ai voulu créer une pédagogie du pardon propre à le rendre accessible au plus grand nombre de personnes possible. Aussi ai-je distribué le travail du pardon en tâches qui me semblent réalisables. Il est bien évident que le pardon n'est pas une mécanique démontable à souhait. Je ne songe nullement à inventer la recette infaillible du pardon. Je reste cependant convaincu de l'utilité de ces balises, si nombreuses qu'elles apparaissent, sur le chemin toujours incertain du pardon.

Voyons comment s'organisent ces étapes du pardon. D'entrée de jeu, la démarche est amorcée avec la ferme décision d'une part de ne point se venger, et d'autre part d'enjoindre à l'offenseur de cesser ses méfaits. Voilà la première étape. Les trois étapes suivantes sont consacrées à soigner la blessure: la reconnaître, la partager en s'ouvrant à quelqu'un pour bien l'identifier et en faire le deuil. La cinquième étape consiste à accepter sa colère et son envie de vengeance. La sixième étape, c'est-à-dire le pardon à soi-même, constitue un point tournant majeur sur la voie du pardon. Au cours des six premières étapes, une fois qu'on aura fait l'effort de prendre soin de soi-même, on se tournera vers son offenseur pour s'efforcer de le comprendre (septième étape). Puis on partira à la recherche du sens que sa blessure est susceptible de prendre dans sa vie (huitième étape).

Les trois étapes suivantes revêtiront un caractère plus spirituel: il s'agira de se savoir digne de pardon et déjà gracié, de cesser de s'acharner à vouloir pardonner, de s'ouvrir à la grâce de pardonner. La douzième et dernière étape se rapporte aux suites que l'on veut donner au pardon réalisé. On se demandera s'il vaut mieux pour soi de mettre fin à sa relation ou de la renouveler.

Voici donc la liste des tâches à accomplir en vue d'un pardon authentique:

1– Décider de ne pas se venger et de faire cesser les gestes offensants.

2– Reconnaître sa blessure et sa pauvreté intérieure.

3– Partager sa blessure avec quelqu'un.

4– Bien identifier sa perte pour en faire le deuil.

5– Accepter sa colère et son envie de se venger.

6– Se pardonner à soi-même.

7– Commencer à comprendre son offenseur.

8– Trouver le sens de sa blessure dans sa vie.

9– Se savoir digne de pardon et déjà gracié.

10– Cesser de s'acharner à vouloir pardonner.

11– S'ouvrir à la grâce de pardonner.

12– Décider de mettre fin à la relation ou la renouveler.

Voilà le chemin tracé. Il est bien entendu que chacun utilisera à sa guise cette carte de route pendant son pèlerinage de pardon. On décidera de passer rapidement sur certaines étapes alors qu'on jugera plus profitable de s'attarder sur d'autres qui représentent pour soi un défi particulier. Un journal de bord aiderait grandement à noter ses progrès.

Pour chacune des étapes, on trouvera un exercice ou un questionnaire permettant de faire le point, d'accomplir la tâche demandée avant de passer à l'étape suivante. Le style adopté pour ces applications pourra surprendre. Leur but est de permettre au lecteur de vraiment vivre une démarche de pardon et de cheminer dans cette voie. Ainsi, certains de ces exercices sont faits pour être «écoutés». Les enregistrer sur cassette audio permettrait de mieux se laisser guider dans la démarche de pardon proposée ici. C'est le cas des exercices qu'on retrouve aux pages 77, 104, 123, 139, 152, 156, 199 et 212. Ils sont précédés du signe  .

Quand mon cœur n'accepte pas de pardonner...

Pour ne plus souffrir, mon cœur aigri et cuirassé s'était promis de ne plus aimer.
J'ai beau lui demander de pardonner pour guérir, il reste froid, muet, inaccessible.

Mon cœur comme une plante frileuse, je l'ai exposé aux caresses du soleil. Je l'ai arrosé de la fine tendresse de la pluie. Je l'ai nourri de présence chaleureuse.

Comme un enfant fiévreux et boudeur, je l'ai bercé, je l'ai consolé, je lui ai raconté des histoires d'amours ravivés.

Mon cœur voudrait me croire. Il s'ouvre à peine, timide et apeuré. Il vacille entre le goût d'aimer encore et le besoin de protéger sa fierté blessée.

Puis il se permet d'avoir mal et de pleurer. Il touche sa honte et son être humilié. Le chemin de la souffrance serait-il le seul à le conduire à se pardonner et à pardonner?

Chapitre 8

Première étape

Ne pas se venger et faire cesser les gestes offensants

La violence n'a jamais cessé par la violence,
mais seulement par la non-violence.

Principe universel bouddhiste

Au tout début de ton pèlerinage intérieur vers le pardon, je te propose de prendre deux décisions majeures: celle de ne pas te venger et celle de faire cesser les gestes offensants. Le mouvement du pardon ne peut s'enclencher tant que tu désires assouvir ta vengeance où tu t'épuiseras dans une situation de victime.

Décider de ne pas se venger

Occupons-nous d'abord de la vengeance, de ce mouvement instinctif ressenti à la suite d'une offense imméritée. La soif de vengeance est une mauvaise conseillère. L'éviter, c'est t'éviter une foule d'ennuis, comme le dit un proverbe chinois: «Celui qui se venge devrait creuser deux fosses.» Mais il y a plus: réclamer comme le Shylock de Shakespeare «sa livre de chair humaine» en compensation des humiliations subies te soulagera pendant quelques moments de ton ressentiment intérieur, mais ne pourra pas l'enrayer. Au contraire, ta revanche t'attirera une kyrielle de déboires et de malheurs dont j'ai dressé la liste ci-après. Avant que tu en prennes connaissance, je voudrais te signaler que cette liste ne s'inspire pas d'une morale de l'interdit, mais du bon sens qui recherche ton bonheur. C'est ce qu'on appelle s'exposer à la thérapie de la réalité, c'est-à-dire à une thérapie qui tient compte du réel et de ton bien-être.

Prends d'abord le temps de lire et de méditer les raisons qui militent en faveur de la non-vengeance, ensuite tu te demanderas: «Compte tenu de toutes ces raisons, est-ce que je veux vraiment encore me venger?»

La vengeance braque ton attention et ton énergie sur le passé. Ton présent n'a plus d'espace et ton avenir est vide de projets intéressants.

L'esprit de représailles avive ta blessure en la rappelant sans répit. Il t'empêche de jouir de la paix et du calme nécessaires à la guérison de ta blessure et à sa cicatrisation.

Pour être capable de satisfaire ta vengeance, tu devras imiter ton offenseur malgré toi et te laisser entraîner dans sa ronde infernale. Non seulement tu te blesseras davantage à le faire, mais tu en sortiras avili.

La vengeance incite son auteur à refaire des gestes méchants qui, en plus d'étouffer toute créativité, vont entraver du même coup sa croissance personnelle.

Châtier quelqu'un pour le plaisir de te venger engendrera chez toi un profond sentiment de culpabilité. Tu te sentiras coupable d'utiliser la souffrance d'un autre pour soulager ta propre humiliation.

L'esprit de vindicte entraîne à condamner sans pitié le fauteur, mais il est à craindre que le jugement dévalorisant que tu auras porté sur lui ne se retourne contre toi-même. Tu te sentiras alors hanté par la peur que les autres te payent de la même monnaie dans un avenir rapproché.

La riposte que tu estimes justifiée créera en toi un état constant de crainte et d'anxiété. Tu appréhenderas sans cesse le jour où ton adversaire passera à la contre-attaque.

La vengeance nourrira en toi le ressentiment, l'hostilité et la colère, tous sentiments générateurs de stress. Tu connais sans doute les effets maléfiques du stress. Il attaque le système immunitaire et provoque ainsi toute une série de maladies neuro-végétatives.

Tels sont les malheurs qui font suite à la vengeance. Espérons qu'ils te servent de repoussoirs contre elle. Tu pourras alors préférer la solution la moins coûteuse et la plus épanouissante, celle du pardon. Si, après avoir réfléchi sur les raisons de ne point te venger, tu n'arrives pas à maîtriser l'impulsion de le faire, je te recommande alors de passer immédiatement à la cinquième étape où tu apprendras la façon d'apprivoiser ta colère et ton goût de te venger.

Faire cesser les gestes offensants

Quelqu'un me faisait la remarque suivante: «Interpeller son ennemi pour faire cesser les gestes offensants, n'est-ce pas une forme camouflée de vengeance?» Faire cesser les actions offensantes en utilisant toute sa force ne ressemble en rien à de la vengeance. Bien au contraire, c'est se respecter sans attaquer l'offenseur. Il se pourrait que l'interpellation prenne l'allure d'une apostrophe humiliante, si elle était faite dans l'intention d'attaquer ou d'essayer de créer chez lui une grande culpabilisation. Aussi est-il très important que dans la manière d'intervenir pour faire cesser les gestes offensants, on se maintienne dans une attitude de non-vengeance.

Tant que les comportements offensants continuent, il est vain de songer à vouloir pardonner. Comment pourrait-on le faire, ou même songer à le faire, alors qu'on est soumis à une violence constante? Pardonner dans de telles circonstances équivaudrait à abdiquer ses droits et à faire preuve de lâcheté. Ghandi, le grand apôtre de la non-violence, ne pensait pas autrement en affirmant: «S'il n'y avait de choix qu'entre la violence et la lâcheté, je n'hésiterais pas à conseiller la violence.»

Heureusement qu'il existe d'autres options pour mettre fin à l'injustice, par exemple celle de recourir à la justice. J'ai connu des parents qui en ont eu la force. Soutenus par leur groupe d'entraide, ils ont eu le courage de dénoncer à la police leur propre fils trafiquant de drogue. Des épouses battues ont surmonté leur peur et ont fait appel à la justice pour se protéger contre la violence de leur mari. Il est évident dans ces deux cas que l'intention qui animait ces personnes n'était pas de se venger, mais de faire cesser la terreur et l'injustice et, éventuellement, de faire soigner l'oppresseur.

À cet égard, n'est-il pas significatif que celui-là même qui nous a demandé de pardonner à nos ennemis, n'ait pas lui-même songé à pardonner aux vendeurs du Temple avant de les en chasser? Il a jugé juste et urgent de faire cesser d'abord la profanation du Temple. C'est une conduite analogue que je conseillais à un homme engagé dans des procédures de divorce où il était question de séparation de biens et de garde d'enfants. Il me demandait comment, dans de telles circonstances, il pouvait pardonner à son épouse. Je lui répondis qu'il devait en premier lieu mener son procès avec la plus grande honnêteté possible et qu'ensuite, mais ensuite seulement, il pourrait consacrer ses énergies à pardonner à sa femme.

J'aimerais illustrer davantage ce point à l'aide d'une expérience personnelle. J'entends dire de deux sources différentes qu'un de mes collègues religieux, avec qui j'ai toujours entretenu des rapports cordiaux, parlait en mal de moi. En mon absence, il m'accusait auprès de confrères d'exiger des cachets excessifs de l'institution où lui-même travaillait. Je me sentis peiné et indigné d'apprendre que ma réputation avait été ternie par des propos aussi sournois. Ma première réaction fut de ne pas donner suite à ces calomnies, mais me rappelant ce que j'enseignais aux autres, à savoir qu'il est impérieux de faire cesser les gestes offensants, je pris ma plume et lui écrivis ceci: «Mon père, j'entends dire que vous parlez de mes prétendues exigences salariales, et tout cela dans mon dos. Est-ce vrai ou faux? Si c'est faux, jetez simplement cette lettre au panier. Si c'est vrai, je vous demande de cesser de répandre de tels propos à mon sujet. Si vous avez besoin d'explications, je suis prêt à vous en fournir à votre gré, même si la question de mon salaire ne vous concerne aucunement.» Le père mit fin sur-le-champ à ses bavardages et moi, je me sentis mieux disposé à passer l'éponge sur cette affaire.

Ces exemples auront sans doute montré que le pardon ne dispense pas d'avoir le courage d'interpeller un offenseur et d'avoir recours à la justice si nécessaire. Jean-Paul II a pardonné à son assassin Agça, mais n'a jamais demandé que celui-ci soit soustrait à la justice.

Pour faire le point sur sa situation de victime

Voici un questionnaire qui permettra de faire le point sur une situation où l'on est victime. Je n'ai pas à rappeler que le pardon reste impossible tant qu'on laisse son offenseur perpétuer les gestes offensants.

Que fais-tu dans les situations où tu es victime des agissements d'un individu?

—Tu essaies d'oublier.

—Tu laisses pourrir la situation.

—Tu te dis qu'il n'y a rien à faire.

—Tu as peur des réactions que l'offenseur aurait si tu lui demandais de cesser ses comportements destructeurs.

—Tu laisses croître le ressentiment.

—Tu attends le moment de te venger.

—Tu as peur «d'éclater» et de devenir injuste.

Comment projettes-tu d'intervenir d'une manière efficace sans tomber dans la vengeance?

Avec qui pourrais-tu parler de la situation pour atténuer ta peur et ton agressivité de manière à trouver la stratégie d'intervention la plus appropriée et la plus efficace?

De quelle manière veux-tu interpeller ton oppresseur?

Chapitre 9

Deuxième étape

Reconnaître sa blessure et sa pauvreté

La vérité vous délivrera.

Saint Jean

Un psychothérapeute de grande expérience me confiait: «J'en suis venu à la conviction que la plupart des névroses ont leur origine dans un refus ou une incapacité de souffrir.» En effet, si après avoir subi une offense, tu ne consens pas à reconnaître et à t'avouer ta souffrance, tu risques de ne jamais parvenir au pardon authentique. Le pardon que tu auras cru accorder ne sera en fin de compte qu'une forme de défense contre la souffrance.

Tu n'arriveras jamais à pardonner si tu persistes à nier que tu as été offensé et blessé et que, du même coup, ta pauvreté intérieure a été mise à nu. Il s'ensuit qu'une des premières tâches qui t'incombent sera de revivre l'événement de l'offense. Mais cette fois-ci, tu le feras avec une plus grande confiance en toi-même, surtout si tu te fais accompagner dans cette quête intérieure. Cette souffrance causée par l'offense, tu apprendras à l'accepter, à la soigner et à la transformer à ton avantage. Il en est de l'offense comme d'un hameçon dans le doigt: tu ne peux pas l'enlever en l'arrachant, mais tu dois l'enfoncer davantage dans la chair pour en dégager la pointe de manière à l'extirper.

L'exercice de centration que je te propose de faire à la fin de ce chapitre te permettra d'effectuer ce retour sur toi. Il t'enseignera comment t'y prendre pour progresser dans cette phase émotionnelle du pardon. Mais auparavant, il serait important que tu prennes conscience du phénomène des mécanismes de défense utilisés pour se protéger de la souffrance.

Le phénomène des mécanismes de défense

Le psychisme humain est bien organisé pour se défendre contre l'envahissement d'une trop grande souffrance. Lorsque celle-ci devient insupportable, il cherche à en atténuer l'impact par divers moyens. Sur le plan biologique, il mobilise des hormones naturelles contre la douleur. Sur le plan psychologique, des mécanismes de défense ou de résistance agissent à la façon de fusibles qui brûlent pour empêcher un courant trop fort de griller le circuit électrique. Plus exactement, ils paralysent les effets destructeurs des sensations trop fortes pour que l'ensemble de l'organisme puisse survivre.

Certains auteurs de psychologie ne semblent pas apprécier à leur juste mesure l'utilité des mécanismes de défense. À leur avis, il faudrait les éliminer le plus tôt possible. Mais ils semblent oublier qu'il y a une sagesse inscrite dans les mécanismes de défense physiologiques et psychologiques. Ils permettent aux personnes blessées de survivre, puis de poursuivre leurs activités sans s'effondrer totalement. N'est-ce pas grâce à ces mécanismes de défense que le soldat blessé trouvera la force de parcourir de longues distances à pied pour se faire soigner? Que la mère de famille profondément affligée par la mort de son mari fera taire sa douleur pour continuer de s'occuper de ses enfants? Que l'homme d'affaires menacé par une faillite imminente trouvera le courage de poursuivre ses activités quotidiennes sans se laisser abattre?

Il reste toutefois que ces mécanismes de défense se révéleront inutiles et même nuisibles s'ils continuent de protéger quelqu'un, une fois passé le danger. Cette personne aura l'air d'un policier qui s'obstinerait à porter sa veste antiballe après le travail, dans la sécurité de son logis.

Faisons un autre pas et examinons de plus près les différentes formes que peuvent prendre ces résistances psychologiques. Ainsi on pourra mieux les identifier. Elles appartiennent à deux grandes catégories: celle des résistances cognitives et celle des résistances émotives.

Résistances cognitives

Je toucherai à peine ici le sujet des résistances cognitives, puisque j'en ai parlé au chapitre trois. Rappelons que le déni cognitif consiste à nier l'offense ou à essayer d'en minimiser l'impact. Ces résistances revêtent plusieurs formes. Celle de l'oubli d'abord: on prétend alors que l'oubli de l'offense ou de son impact sur soi serait l'idéal à poursuivre dans l'acte de pardonner. Celle des excuses ensuite: on s'évertuera alors à inventer toutes sortes de fausses excuses en vue de décharger l'offenseur de sa responsabilité. Enfin, rappelons un piège analogue qui consiste à gommer un conflit d'un pardon rapide et superficiel.

Pour justifier le déni cognitif, les raisons ne manquent pas. Elles sont plus pressantes encore quand il s'agit de trahisons ou de graves injustices venant de proches. Elles sont perçues comme tellement douloureuses et menaçantes qu'on préfère les ignorer. Ainsi, malgré de multiples indices, le mari se refuse à l'évidence que sa femme lui est infidèle; la mère, que son fils prend de la drogue, même si elle observe chez lui tous les comportements d'un drogué; le patron, que son employé si dévoué puisse le voler. Pareille stratégie d'autruche atténue sans doute la peine et la déception, mais elle prépare à long terme d'amères prises de conscience.

Parfois, la résistance cognitive conduit jusqu'à l'oubli complet d'un événement. Mais celui-ci n'en continue pas moins de produire son effet néfaste sur le comportement, même après plusieurs années. C'est ce qui arriva au travailleur social dont je vous ai raconté l'histoire. L'événement douloureux de l'hôpital ainsi que sa décision d'enfant de ne plus faire confiance aux hommes avaient été complètement oubliés et enfouis dans l'inconscient. Comment aurait-il pu faire une démarche de pardon, s'il n'avait pu déterrer la source de sa frustration et de sa honte qui l'avait amené à ne plus faire confiance à ses chefs masculins?

Résistances émotives

Des recherches récentes sur les dépendances créées par l'alcool et les drogues ont révélé que la honte mal vécue jouait un rôle déterminant dans le déni émotionnel. Or, on commence à peine à explorer le sentiment de honte et les mécanismes de défense servant à le camoufler. Jusque-là, le sentiment de honte était souvent confondu avec celui de la culpabilité. Mais l'un n'est pas l'autre. Ils n'ont ni la même origine, ni la même fonction. Le sentiment de culpabilité surgit de la conscience d'avoir violé une loi ou un principe moral qui représentent un idéal personnel ou social à réaliser. La honte est le sentiment que le moi profond est mis à nu et exposé au grand jour. La honte fait découvrir combien on est vulnérable, impuissant, incompétent, inadéquat et dépendant. La personne aux prises avec le sentiment de culpabilité dira: «J'ai mal fait, je suis coupable et je me sens coupable», tandis que la personne qui ressent de la honte affirmera: «Je suis mauvaise et je ne vaux rien. J'ai très peur qu'on me rejette.» Le sentiment de culpabilité provient de la conscience de ne pas avoir atteint son idéal, alors que le sentiment de la honte naît de la conscience aiguë des déficiences et de la vulnérabilité du moi profond. Le honteux a l'impression que ses faiblesses sont exhibées aux yeux de tous; il se sent toujours sous la menace du ridicule et du rejet.

Certains se demanderont: «Pourquoi mettre tant d'insistance sur le rapport entre la honte et le pardon?» C'est qu'il y a un rapport étroit entre la honte et le déni émotionnel et, par suite, avec le pardon. À coup sûr, l'offense provoque un sentiment d'humiliation et de honte. Ce sentiment est d'autant plus grand que l'offense provient d'une personne aimée ou estimée, dont on est dépendant. Sa dépendance d'un autre et ses différents besoins plus ou moins infantiles sont alors mis à découvert. La déception est encore plus cuisante quand on se sait humilié par la personne même de qui on attendait affection et estime.

Vouloir pardonner sans prendre conscience de cette humiliation et de la honte qui suit l'offense, c'est s'avancer sur un chemin miné et sans issue. La volonté de pardonner, si généreuse soit-elle, camouflera un besoin de se protéger contre la honte de se «sentir petit».

Le défi majeur à relever durant la phase émotionnelle du pardon, c'est justement de reconnaître son sentiment profond de honte pour l'accepter, le relativiser, le digérer et l'intégrer. Une fois apprivoisé, il deviendra non seulement supportable, mais il rendra la personne plus consciente de l'impuissance et de la finitude communes à tous les êtres humains. Mais le sentiment de honte ne se laisse pas découvrir très facilement. Aussi avons-nous besoin de reconnaître les masques sous lesquels il se dissimule: la colère, la volonté de puissance, le pharisaïsme moral, le complexe de l'éternelle victime et le perfectionnisme.

La colère et le besoin de se venger servent souvent à masquer la honte. Au lieu de l'accepter, l'offensé honteux et humilié réagit en voulant à son tour humilier l'offenseur. Dans une tentative de se libérer de sa propre honte, il la projette sur son agresseur pour le voir souffrir du même mal. Parfois, chez certains individus, la colère et le besoin de punir ont un effet de boomerang. Ayant réprimé tout sentiment d'agressivité, ils retournent contre eux-mêmes leur colère et leur désir de vengeance. La honte se camoufle alors derrière les sentiments d'anxiété et de culpabilité autopunitive, ce qui la rend encore plus difficile à détecter. En ce sens, on peut dire que les gens préfèrent se sentir coupables plutôt que honteux et impuissants. Certains pardons accordés sous le coup d'une colère rentrée sont en fait des vengeances subtiles. Ce qui peut expliquer pourquoi le bénéficiaire d'un tel pardon ressent un profond malaise: au lieu d'éprouver un sentiment de libération, il se sent confus et souvent humilié.

Si contradictoire que cela puisse paraître, certaines personnes humiliées adopteront des attitudes de puissance et de supériorité. Elles cherchent par là à s'éviter d'expérimenter l'impuissance qu'engendre la honte d'elles-mêmes. En réaction, elles seront alors portées à exagérer leur importance. Les autres leur paraîtront inférieurs en matière de connaissances, de qualités morales et de pouvoir. Pour parler le langage de l'analyse transactionnelle, les personnes se déclarent elles-mêmes «correctes» alors que les autres leur paraissent «non correctes». Dans la même foulée, elles adopteront des allures arrogantes de supériorité et d'omniscience. Tout cela, par peur d'être mises en face de leur pauvreté intérieure dont la seule pensée déclenche chez elles une grande anxiété. Leur conception du pardon s'en trouve viciée et elles s'en servent surtout comme un moyen d'assurer leur domination.

La volonté de puissance est une autre forme de camouflage de la honte. Vue dans une perspective morale, elle revêt la forme d'une fausse grandeur morale que l'on pourrait nommer du pharisaïsme. La personne offensée, incapable d'accepter sa propre humiliation, utilisera le pardon comme moyen d'humilier à son tour celui qui lui a fait du tort. Elle aura l'air de dire: «Tu vois, je suis supérieur à toi et je vais te le prouver en te pardonnant.» Il est trop évident que cette sorte de pardon cache beaucoup d'amour-propre et de mépris d'autrui.

À l'opposé du pharisien à la morale arrogante, se trouve la personne qui joue à l'éternelle victime. Renversant la stratégie, elle a appris à tirer parti de sa honte pour s'attirer la pitié des autres: elle sait exploiter à son avantage les fautes de son persécuteur. Elle se plaint toujours de lui et de ses méfaits, elle parle de sa souffrance à qui veut bien l'entendre, elle exhibe avec complaisance à peine dissimulée les sévices qu'elle doit subir. Du même coup, elle soulève l'indignation de ses auditeurs envers son oppresseur. Aussi, quand l'éternel souffre-douleur affirme passer l'éponge sur les fautes commises envers lui, il cherche simplement à se montrer digne d'admiration et de louanges.

Voyons enfin le masque de perfection dont un pardonneur peut s'affubler. Enfant, le perfectionniste a souvent été exposé à beaucoup de honte. Son éducation familiale lui a été inculquée à coups de semonces qui faisaient appel à la honte. Ou peut-être a-t-il vécu beaucoup de honte face aux comportements erratiques d'un parent alcoolique. Encore enfant, il a pu se jurer de ne jamais se faire prendre en défaut, pour ne plus avoir honte. Pour ce faire, il tente de devenir irréprochable en tout et partout. Modèle de vertu, il s'oblige à pardonner. Le pardon l'aide à protéger la façade fragile qu'il voudrait inattaquable.

Voilà quelques traquenards psychologiques susceptibles d'entraver la chirurgie du cœur humain qui fait partie de la dynamique du pardon. Ils visent souvent à camoufler le sentiment d'humiliation et de honte par un faux pardon. Ainsi empêchent-ils le pardon de devenir un geste libérateur et épanouissant. D'où le besoin de faire d'abord un nettoyage de son univers émotionnel avant d'arriver au pardon authentique.

Pour reconnaître sa blessure et sa pauvreté

Le but de l'exercice que je propose est d'éliminer les résistances à la souffrance et la honte devenues inutiles et même nuisibles. Il aidera à faire la vérité en soi et commencera à préparer à la prochaine étape qui consiste à partager avec une autre personne.

Nous venons de le voir, le psychisme humain ne laisse pas facilement émerger à la pleine conscience les expériences douloureuses. Il se protège contre la souffrance et surtout la honte. Il ne s'agit donc pas d'essayer de défoncer ses résistances psychologiques ou même de s'en débarrasser, mais au contraire d'en prendre d'abord conscience, de les accepter et de les laisser fondre d'elles-mêmes.

Le meilleur moyen d'y arriver est d'aller à leur rencontre là où elles sont embusquées, c'est-à-dire dans le corps. Celui-ci a tout enregistré et garde une mémoire fidèle de l'offense et de ses conséquences physiques et psychologiques. Les tensions, les raideurs, les douleurs, voire même certaines maladies physiques reflètent la souffrance psychologique inexprimée. Elles signalent qu'il y a une blessure à guérir.

Si tu es prêt à commencer l'exercice, applique-toi à créer un climat de grande tranquillité autour de toi. Veille à ne pas être dérangé durant une vingtaine de minutes. Prends une position confortable. Évite de porter des vêtements trop serrés.

Accorde-toi quelques instants pour entrer à l'intérieur de toi.

....

Si tu es croyant, mets-toi en présence de ton Dieu ou de toute autre ressource spirituelle importante pour toi. Ainsi, tu auras plus de courage pour entrer en contact avec ta blessure et ta pauvreté.

....

Commence par te remémorer l'expérience de l'offense tout en restant attentif à tes réactions corporelles. Si tu ne t'en souviens pas, prends simplement conscience de tes tensions, de tes raideurs et même des symptômes corporels. Apporte une attention spéciale à ce qui se passe dans la région de ton cœur physique.

....

Si plusieurs réactions corporelles surviennent en même temps, accepte-les toutes pendant quelques instants. Puis efforce-toi de concentrer ton esprit sur la réaction qui te semble la plus importante, la plus centrale.

....

Reste présent à ta tension ou à ta douleur sans vouloir en rien changer ou en chercher une explication. Accueille avec beaucoup de délicatesse et de sympathie cette partie souffrante de toi.

....

Toujours avec la même gentillesse, demande à ta tension: «Qu'est-ce que tu maintiens caché? Qu'est-ce qui se passe? Je suis prêt à t'écouter.» Tu peux aussi t'adresser directement à ton cœur: «Qu'est-ce que tu retiens de l'offense qui t'empêche de vivre pleinement?»

....

Continue de rester en contact avec ta tension et ta douleur. Prépare-toi à accueillir ce qui va émerger sans rien censurer. Laisse les images, les paroles et même d'autres sensations surgir sans chercher à les interpréter, à les changer ou à les éliminer.

....

Tu peux aussi redire en tes propres mots les messages qui affluent sous forme d'images, de paroles ou de sensations. Demande à cette partie de toi: «Est-ce que j'ai bien compris ce souvenir ou cette image que tu me livres? Ce sont bien les paroles que tu m'adresses? Cette autre sensation vient-elle de toi ou d'une autre source?» C'est ainsi que tu lui manifestes ton acceptation pure et simple de ce qui vient en toi sans juger, sans expliquer et sans vouloir te changer.

....

Si rien ne monte à la conscience, continue de rester patiemment en contact avec ton corps. Si tu deviens impatient, concentre-toi sur ton impatience et laisse monter le message que te livre ce mouvement d'impatience.

....

Quand tu seras satisfait de ce que tu viens d'apprendre, remercie cette partie souffrante de toi qui a bien voulu se communiquer à toi. Donne-lui un autre rendez-vous et prépare-toi à la quitter.

Félicitations d'avoir eu le courage de rejoindre la partie blessée de toi et d'avoir pu regarder en face ta pauvreté intérieure. Il serait bon que tu recommences l'exercice. Il est rare que l'inconscient révèle tout d'un seul coup. Il va te laisser digérer les petites bouchées qu'il t'aura données. Enfin, il serait important de noter dans ton journal les révélations reçues au cours de l'exercice.

Chapitre 10

Troisième étape

Partager sa blessure avec quelqu'un

Si je suis écouté, purement écouté,
j'ai tout l'espace pour moi,
et pourtant, il y a quelqu'un.

Maurice Bellet

Il existe plusieurs réactions possibles à un affront, à une trahison ou à une agression. Entre la réaction de défense de la personne qui s'isole et celle du souffre-douleur qui joue au martyr, se présente une option plus saine et plus prometteuse de guérison: partager ta souffrance avec quelqu'un qui sait t'écouter sans te juger, sans moraliser, sans t'accabler de conseils et sans même essayer de soulager ton mal, si troublant soit-il. Le succès de la phase émotionnelle du pardon dépendra en grande partie de ton ouverture honnête à un interlocuteur attentif.

Pourquoi partager ton intérieur blessé?

L'un des aspects les plus insupportables de ta blessure, c'est le sentiment d'être le seul au monde à porter ce poids. Or, quand tu racontes ton histoire à quelqu'un qui accepte de jouer le rôle de la «grande oreille», tu n'es plus seul. Il y a quelqu'un qui partage non seulement ton secret mais aussi le poids de ta souffrance.

De plus, le fait de te dire à quelqu'un te fera revivre avec plus de calme l'événement blessant. Tu en profiteras pour prendre conscience des émotions encore à fleur d'âme. Le passé s'animera et deviendra présent. Tu revivras ton drame, mais cette fois-ci dans un contexte plus sécurisant. Tu acquerras une plus grande assurance grâce à la confiance que tu auras mise en ton confident. Ta perception de l'offense aura changé. Elle t'apparaîtra moins menaçante et plus supportable.

Tu as sans doute déjà expérimenté qu'il est plus facile de trouver des solutions aux problèmes des autres qu'aux tiens. C'est en vérité ce qui t'arrivera quand tu te seras confié à quelqu'un qui te servira de miroir ou de caisse de résonance. Ensuite tu commenceras à prendre tes distances vis-à-vis de tes difficultés et à les voir dans une perspective plus large. En conséquence, tu seras à même de mieux les maîtriser.

Dernier avantage que tu pourras tirer de tes échanges avec une personne empathique: son acceptation inconditionnelle commencera peu à peu à déteindre sur toi. Du fait qu'il t'aura reçu avec compassion, tu seras mieux disposé, toi aussi, à te recevoir avec indulgence. Je t'assure que cette acceptation de toi-même t'apportera la paix et le calme intérieur.

Les effets bénéfiques du partage de ses états d'âme avec un confident sont incontestables. Peut-on en attendre autant d'un partage avec son offenseur lui-même?

Partager avec l'offenseur lui-même

James Sullivan, psychologue clinicien de grande expérience, affirme dans *Journey to Freedom* (1987: 149) que la réussite du «pardon émotionnel» dépend de trois conditions essentielles: la reconnaissance de la faute par l'offenseur, l'expression de son regret et la décision de ne plus récidiver. J'ai moi-même vécu une situation où se trouvèrent réunies ces conditions. Il s'agit d'un incident assez banal, mais qui aurait pu dégénérer en conflit latent permanent. J'écoutais les nouvelles télévisées en compagnie d'une dizaine de confrères religieux. L'un d'eux découvre une bouteille vide laissée près d'une chaise. Sûr que j'étais l'auteur de cette négligence, il se lève tout indigné, prend la bouteille, la brandit dans ma direction et me dit sur un ton accusateur et hargneux: «À qui cette bouteille?» Inutile d'ajouter que l'impact de son geste se trouvait décuplé par la présence de témoins. Je n'étais pas sans apercevoir en même temps les sourires en coin des confrères. On aurait dit qu'ils n'attendaient que cet incident pour se laisser confirmer dans leur préjugé que j'étais distrait.

Je pris la bouteille sans dire un mot, mais bouillant de colère. Et jusqu'au coucher, je me suis payé le luxe de fantaisies de vengeances plus raffinées les unes que les autres. À la méditation du matin, je m'étonnai de l'importance que prenait en moi l'affrontement de la veille. En cherchant la cause d'un tel émoi, je découvris que de vieilles blessures s'étaient rouvertes et je décidai sur-le-champ d'écarter toute idée de revanche et de rencontrer le confrère accusateur.

J'attendis le moment propice où j'étais seul avec lui. Je lui fis part de mon humiliation et de ma colère à la suite de ses paroles. À ma grande surprise, mon confrère s'excusa humblement, invoquant son extrême fatigue comme raison de son emportement. Puis, il se mit à me confier ses propres difficultés une heure durant. Mon ouverture avait, semble-t-il, provoqué la sienne. Une nouvelle intimité s'était créée entre nous deux.

C'est alors que j'ai mieux compris le vieil adage: «Faute avouée est à moitié pardonnée.» Car, au moment de son aveu et de son regret, je sentis fondre tout à coup en moi tout ressentiment. Sans avoir même songé à le faire, je lui avais déjà pardonné.

Notons tout de même qu'avant d'interpeller mon collègue, je m'étais bien préparé: j'avais prié, j'avais pris soin de bien peser les mots de mon intervention, je lui avais donné à l'avance la forme d'un message en «je» non accusateur. Par là, je voulais éviter toute contre-accusation blessante. Ainsi lui ai-je livré en toute simplicité et sans attaque ma réaction émotive. En outre, je m'étais disposé à l'écouter et à poursuivre le dialogue avec lui jusqu'à ce que nous puissions faire ensemble la lumière sur la situation.

Quand le partage avec l'offenseur est impossible

Mais qu'arrive-t-il si la personne coupable de l'offense ne veut ni en parler ni même en entendre parler, comme ce fut le cas de cette jeune fille, victime d'inceste de la part de son père. À la suite d'une longue thérapie, elle sentait le besoin de lui dire les conséquences désastreuses des abus sexuels qu'il lui avait fait subir. Elle se voyait pressée par le temps, car son père était atteint d'un cancer avancé. De son côté, le père avait toujours évité d'aborder le sujet. Sans dialogue possible avec son père, elle se croyait dans l'impossibilité de lui pardonner.

Je lui conseillai d'utiliser le langage silencieux du cœur pour soulager sa peine et son agressivité, et pour lui pardonner éventuellement. C'est ce qu'elle fit. Durant les moments de silence au chevet de son père, elle créait un rapport profond avec lui en synchronisant sa respiration et la sienne; puis elle lui racontait dans son cœur toutes les souffrances occasionnées chez elle par l'inceste. Après plusieurs séances où elle laissait parler son cœur, elle sentit le pardon monter en elle et elle en éprouva alors un profond soulagement. Chose étrange, son père lui parut beaucoup plus calme.

La situation se complique quand l'offenseur refuse de reconnaître sa faute, ou qu'il est absent, inabordable, inconnu ou mort. Dans une situation pareille, James Sullivan (1987: 149-152) suggère au conseiller de jouer le rôle de l'offenseur, de reconnaître au nom de celui-ci sa culpabilité et d'exprimer son regret et son ferme propos. Pour illustrer son propos, il raconte l'histoire d'une religieuse qui était en perpétuelle dépression pour avoir été rejetée par sa mère dans son enfance. James Sullivan, une fois qu'il eut compris que la religieuse avait transposé sur lui l'image de sa mère, accepta de jouer le personnage de la mère. Il lui demanda pardon de l'avoir négligée dans son enfance. Puis il lui exprima sa joie de la redécouvrir et de pouvoir apprendre à l'aimer à nouveau. D'après ce psychologue, ces échanges furent si bénéfiques que la religieuse put rejoindre sa petite fille intérieure, lui permettre de revivre et d'exprimer les émotions jusqu'alors gelées en elle. Elle pleura beaucoup, se mit en colère et finalement pardonna à sa mère.

L'aide d'un conseiller qui se prête à jouer le personnage de l'offenseur n'est pas toujours possible. Aussi faut-il avoir recours dans le cas à des moyens de substitution. Par exemple, écrire des lettres sans les poster, dialoguer avec une chaise en s'imaginant que l'offenseur y est assis.

Face à un offenseur impénitent et obstiné, le dernier recours est de le recommander à Dieu, comme le veut une sentence juive: «Si ton offenseur ne veut pas s'amender, confie-le à la justice divine.» C'est précisément ce que fit le directeur d'une importante institution. Quand il apprit mon intention d'écrire sur le pardon, il me raconta son histoire, sans doute avec l'intention inavouée que j'en fasse profiter mes lecteurs. Victime de manœuvres malhonnêtes de deux collègues, il avait perdu un haut poste administratif et il avait vu sa carrière brisée. Il traversa alors une grave dépression, mais il réussit à s'en tirer grâce à un conseil trouvé dans un ouvrage de Michael Murphy sur le pardon. Plusieurs fois par jour, il répétait la prière suivante: «Mon Dieu, dans mon impuissance, je te confie mes collègues (ici, il les nommait) à ta grande miséricorde afin que tu transformes en bien le tort qu'ils m'ont fait, et qu'ainsi ta volonté s'accomplisse.» Il m'assura qu'après trois mois de ce régime d'invocations, il ne ressentait plus en lui la moindre trace de rancune et de ressentiment. À un congrès où il rencontra ses anciens détracteurs, il s'est surpris à leur donner spontanément la main.

Pour partager sa blessure

Parmi tous les moyens de partager recommandés dans ce chapitre, chercher celui qui convient le mieux à ta propre démarche de pardon?

— Parler à ton offenseur lui-même, après avoir préparé ton intervention comme suit: décider de lui livrer ton senti à l'aide de «messages en je», d'écouter la version de l'offenseur et d'aller jusqu'au bout de l'échange.

— Trouver quelqu'un qui sait écouter sans te juger.

— Pratiquer le «langage du cœur» pour les situations difficiles.

— Confier ton offenseur à Dieu dans la prière.

Chapitre II

Quatrième étape

Bien identifier sa perte pour en faire le deuil

J'ai subi une offense,
mais je ne suis pas offensé
au fond de mon être.

Anonyme

Sur la longue route du pardon, tu as commencé par reconnaître le dégât causé chez toi par l'offense et tu en as parlé avec quelqu'un de grande empathie. Ta situation se clarifie et ton poids émotionnel s'allège. Te voici donc en pleine voie de guérison. Au cours de cette quatrième étape, je te propose de faire un inventaire précis des pertes causées par cette offense; cette prise de conscience t'aidera à en faire ton deuil. Car si tu ne faisais pas le deuil de ce que tu as perdu, tu ne saurais pas vraiment pardonner.

Bien identifier sa perte

C'est à partir d'une expérience personnelle que j'ai compris l'importance de bien identifier sa blessure avant de pouvoir la guérir. Ce jour-là, j'avais reçu une lettre d'un jeune homme qui voulait s'inscrire à l'université où j'enseignais. Il me demandait de lui fournir des renseignements sur un programme d'études dont j'étais le responsable. Or, cet étudiant avait oublié de me donner son adresse. Déjà inscrit dans un autre département de la même université, il pensait, je présume, qu'il n'était pas nécessaire de fournir ce renseignement. Tout bonnement, je décidai d'aller me le procurer chez le secrétaire, démarche qui me semblait normale. Mais voici qu'à ma demande le secrétaire prit un air hérissé et, après m'avoir fait «passer à la question», refusa carrément de me fournir l'information demandée. Pis encore, il m'accusa de maraudage académique et me mit à la porte de son bureau. Encore sous le choc, je me rendais mal compte de ce qui m'arrivait, puis je fus envahi par un grand sentiment d'indignation. Je me mis donc en frais d'écrire au recteur pour faire mettre au pas ce fonctionnaire insolent et même méprisant. Je finissais d'écrire ma lettre d'une plume trempée de vitriol quand un confrère entra dans mon bureau. Je lui racontai ma déconfiture. Il m'écouta attentivement et me demanda à brûle-pourpoint: «Tu me sembles bien fâché. Je me demande quel point sensible le secrétaire a bien pu toucher chez toi?» Au premier abord, je trouvai sa question inopportune, sinon impertinente. À la réflexion, cependant, elle me fit découvrir deux choses: le secrétaire avait mis en cause mon honnêteté professionnelle. Il avait aussi réveillé en moi une vieille souffrance que je croyais bien oubliée. Cette prise de conscience des raisons de mon indignation produisit sur moi un effet des plus inattendus: à mon grand étonnement, ma colère et mon ressentiment s'évanouirent au point que je n'eus plus envie d'envoyer ma lettre au recteur.

Comment un changement aussi subit avait-il pu s'effectuer en moi? Voici l'explication que je me suis donnée. Au moment du fâcheux incident, j'avais l'impression que toute ma personnalité avait été mise en cause. Puis, par la suite, je compris que le secrétaire n'avait mis en doute qu'une partie de moi-même, mon honnêteté professionnelle. Cette découverte me permit de porter un regard neuf sur ma blessure. En premier lieu, elle m'apparut moins énorme. En deuxième lieu, je découvris que mon trouble provenait moins de la toute fraîche altercation avec le secrétaire que d'une situation pénible que je n'avais pas encore réglée.

L'article de Trotter (1987: 31-39) sur le résultat des recherches du psychologue Martin Saligman m'éclaira davantage sur ce qui m'était arrivé. Ce psychologue soutient qu'on est plus blessé par sa propre interprétation d'un événement fâcheux que par l'événement lui-même. À son avis, celui qui se considère comme la cause totale, unique et permanente d'un événement malheureux se condamne à se sous-estimer et, du même coup, à tomber dans l'impuissance à réagir. Pour mieux saisir le sens des termes «totale, unique et permanente», nous n'avons qu'à écouter le dialogue intérieur qu'un individu entretient à son désavantage pour s'expliquer ses déboires. Il a tendance à se blâmer d'une manière totale et radicale, comme s'il souffrait d'un défaut congénital. «Depuis toujours je suis gauche et incapable», dit-il, au lieu de s'encourager de la manière suivante: «J'ai fait une erreur qui somme toute est réparable.» En second lieu, il s'attribue l'entière responsabilité de la faute. «Je suis l'unique responsable de mon malheur», pense-t-il, au lieu de se rendre compte qu'il n'est pas le seul responsable de la situation et qu'il y a d'autres acteurs impliqués dans l'épreuve. Enfin, il se regarde comme l'éternelle victime du destin. «Ça n'arrive toujours qu'à moi», se plaint-il, au lieu de se dire: «C'est l'effet d'une conjoncture passagère.»

Pour cesser de se blâmer

Le fait de se complaire dans son état de victime ne pourra que saper ses énergies. L'«autoflagellation» est toujours de mauvais conseil, et elle empêchera de progresser dans la voie du pardon. Pour sortir du marasme, je propose les exercices suivants:

1– Demande-toi quelle partie de toi a été atteinte. Qu'est-ce que tu as perdu? Dans quelles valeurs t'es-tu senti attaqué ou bafoué? Quelles attentes ou quels rêves ont été subitement anéantis?

Voici quelques-unes des valeurs qui ont pu subir un dommage: l'estime de toi, ta réputation, ta confiance en toi-même, ta foi dans l'autre, ton attachement à tes proches, ton idéal, ton rêve de bonheur, tes biens physiques, ta santé, ta beauté, ton image sociale, tes attentes face à l'autorité, ton besoin de discrétion par rapport à tes secrets, ton admiration pour ceux que tu aimes, ton honnêteté, etc.

Après avoir relevé et nommé ta perte, prends conscience que ce n'est pas tout ton être qui a été offensé, mais seulement une part de toi-même. Il te sera bénéfique de répéter: «Ce n'est pas tout mon être qui fut touché, mais c'est (par exemple) ma réputation qui a été endommagée.» Il y a quelque temps, j'entendais à la télévision le témoignage d'une femme qui avait été victime d'un viol. Elle affirmait: «I was raped but not violated (j'ai été violée mais je ne suis pas avilie).» En d'autres termes, elle disait: «Le cœur de mon être est demeuré sain et intègre malgré le viol et je n'ai pas perdu la capacité de me guérir.»

Soit dit en passant, si pour parler des malheurs qui m'arrivent j'emploie le verbe «avoir» ou tout autre temps composé avec cet auxiliaire (exemple: j'ai reçu une insulte), je n'exprime pas la même chose que si j'emploie le verbe «être» (exemple: je suis insulté). Il y a une différence énorme dans la perception de l'offense. Quand je dis: «J'ai une blessure», je laisse entendre qu'il y a une distance entre moi et la blessure, ce qui me permet de réagir et de me guérir. Par ailleurs, quand j'affirme: «Je suis blessé», je m'identifie tout entier à la blessure elle-même et, du même coup, je me rends impuissant à réagir.

2– Il est nécessaire de te rappeler que tu n'es pas le seul responsable de l'événement pénible ou de l'offense. Lors d'une conférence que je donnais à des personnes séparées ou divorcées, je leur disais qu'elles n'étaient pas les seuls agents de leur échec matrimonial. Leur ex-conjoint, leurs parents, la société, etc. avaient aussi une part de responsabilité. À ces mots, une auditrice fondit en larmes. Je lui demandai ce qui se passait, et elle me répondit que, pour la première fois, elle prenait conscience de n'être pas la seule «grosse méchante» responsable de l'échec de son mariage.

3– Enfin, il importe de bien te convaincre qu'une erreur est loin d'être irréparable. Tu n'es pas condamné à devoir la revivre sans cesse ou à en subir toujours les conséquences. En t'imaginant que tu seras toujours poursuivi par la malchance ou le mauvais sort, tu te programmeras d'une manière infaillible pour de nouveaux échecs.

Au lieu donc de te tourmenter devant un échec, cherche à découvrir toute la leçon que tu peux en retirer. Combien d'échecs furent l'occasion d'expériences enrichissantes, de nouveaux départs et de réussite dans la vie. Voici enfin un autre aspect positif de tes erreurs: elles te rendront beaucoup plus tolérant envers les autres.

Guérir les blessures de l'enfance

Les blessures les plus difficiles à reconnaître et à identifier sont celles qui remontent au passé lointain de l'enfance. On ne se souvient plus d'elles ni des circonstances qui les ont provoquées. Tout ce qui en reste, ce sont le plus souvent des raideurs de comportement et des réactions de défense, reflets de traumatismes anciens que la moindre offense réveille.

Les déceptions de l'enfance continuent de faire sentir leur effets d'une manière inconsciente plusieurs années après. J'ai souvent rencontré des personnes qui, malgré toute leur bonne volonté, se disent incapables de pardonner de simples peccadilles. Leur incapacité de pardonner les humilie et les fait souvent se sentir très coupables. Une jeune femme me confiait son incapacité de pardonner à son beau-père. La faute «énorme» de celui-ci avait été de demeurer deux jours chez sa bru alors qu'il n'avait été invité que pour un souper de famille. À la seule pensée de lui pardonner, elle se butait à un refus intérieur tenace. Aussi se blâmait-elle de grossir démesurément la faute: «C'est une bagatelle, se disait-elle, je devrais arrêter de lui en vouloir.» En désespoir de cause, elle me demanda un rendez-vous. Je l'invitai à définir le plus exactement possible la nature de sa blessure. Elle me répondit: «J'ai l'impression que je ne suis pas importante à ses yeux puisqu'il a ignoré le message de mon invitation.» Je lui proposai alors de rester avec ce sentiment «de ne pas être importante», puis de retourner en esprit dans son passé en laissant monter en elle ce qui s'associait spontanément à ce sentiment. Émue jusqu'aux larmes, elle se souvint d'un événement de son enfance et elle me raconta qu'à l'âge de huit ans sa mère lui avait promis pendant une année entière de l'amener à la messe de minuit. Or à son réveil, le matin de Noël, elle se fit dire par sa mère qu'elle était encore trop petite pour assister à la messe de minuit. Cette déception d'enfant, qu'elle avait d'ailleurs complètement oubliée, venait bloquer, comme un écho lointain, son désir de pardonner à son beau-père. Ainsi ce n'est qu'après avoir retracé l'origine du sentiment de «ne pas être importante» qu'elle parvint à pardonner d'abord à sa mère et, par la suite, à son beau-père.

Pour soigner une blessure de l'enfance

Mon expérience de psychothérapeute m'a appris qu'un blocage «irrationnel» lors d'un projet de pardon provient très souvent d'une ancienne blessure qui demeure encore vive bien qu'inconsciente. C'est pourquoi je propose de faire une méditation sur le blocage qui empêche de pardonner.

Prends une position confortable. Écarte de toi toutes les distractions possibles pendant une vingtaine de minutes.

....

Prends bien le temps d'entrer en toi-même comme tu l'as fait dans les autres exercices de méditation.

....

Remets-toi dans la situation créée par l'offense et laisse-toi revivre ce qui t'est arrivé. Donne-toi le temps d'identifier et de nommer avec précision ta blessure.

....

Reste en contact avec l'émotion ou l'ensemble des émotions qui émergent actuellement en toi.

....

Puis, à partir de l'émotion repérée ou à partir de ton complexe d'émotions, retourne dans ton passé comme si tu tournais une à une les pages d'un album de souvenirs. Toujours guidé par la même émotion, laisse monter en toi les images, les souvenirs, les paroles se rattachant aux divers âges de ta vie passée.

....

Quand tu auras rejoint le plus lointain souvenir, accorde-toi quelque temps pour en revoir et revivre la scène. Quel âge as-tu? Qui est avec toi? Qu'est-ce qui se passe?

Comment réagis-tu? Quelle décision prends-tu à la suite de cet événement douloureux?

....

Revois l'enfant que tu étais. Comment est-il habillé? Où est-il? Comment le décrirais-tu? Observe ce qu'il vit comme s'il était là, présent devant toi.

....

Maintenant, faisant appel à toute ton expérience d'adulte, à toute ta compétence, à toute ta connaissance de la psychologie des enfants, commence à lui parler, à le rassurer, à t'excuser de l'avoir oublié si longtemps. Explique-lui ce qui s'est passé. Rassure-le en lui promettant que tu ne l'oublieras plus.

....

Quand tu seras sûr d'avoir apprivoisé ton enfant et qu'il accepte de se laisser approcher, lève-toi, prends-le dans tes bras, assieds-le sur tes genoux, puis serre-le bien fort en te croisant les bras sur la poitrine.

....

Prends le temps de ressentir sa présence, de le laisser se calmer et de l'aider à se guérir. Si tu penses qu'il est prêt, tu peux lui suggérer de commencer à pardonner à la personne qui l'a offensé. Si tu sens de la résistance, ne le force pas. Continue tout simplement à le tenir et à le réconforter. Tu connais la générosité de ton enfant. Fais-lui confiance. Quand il sera prêt, il pardonnera.

....

Avant de quitter ton enfant, rassure-le en lui disant que tu ne l'abandonneras plus, que tu reviendras lui parler et prendre soin de lui.

Félicitations! Tu viens de faire un grand pas sur la voie de la guérison et du «pardon émotionnel». Au chapitre suivant, nous verrons comment tenir compte de ta colère et de ton envie de te venger.

Chapitre 12

Cinquième étape

Accepter la colère et l'envie de se venger

Il faut être psychothérapeute pour savoir combien il y a d'agressivité refoulée sous le faux pardon.

Paul Tournier

Il arrive souvent que le mot «colère» évoque chez les gens des scènes d'extrême violence. En conséquence, il se forme en eux une grande peur de ressentir cette émotion. Certains spirituels ont beaucoup de difficulté à voir dans la colère et dans l'envie de se venger des réalités psychologiques saines en soi. En vertu d'une conception tronquée de l'amour, ils jugent devoir refouler tout mouvement d'agressivité. Voici le récit d'un démêlé que j'ai eu avec un aumônier d'un groupe de couples. En sa présence, je donnais à des couples une conférence sur la communication. J'expliquais comment la vie à deux apportait avec ses joies son lot de frustrations. L'accumulation de frustrations à la suite des petits accrochages et des exaspérations qui s'ensuivent constitue, à mon avis, l'un des plus grands obstacles à la bonne communication chez le couple. Aussi conseillais-je aux époux de ne pas laisser pourrir en eux leurs petites colères, mais bien de les exprimer de la manière la plus constructive possible. Car, dans ma pensée, ce qui détruit l'amour, ce n'est pas la colère, mais bien la peur de s'ouvrir et l'indifférence. Au même moment, je vis bondir l'aumônier de sa chaise. D'une voix courroucée, il me cria: «Mon père, vous devriez savoir que la colère est un des sept péchés capitaux!» Il sortit sur-le-champ en claquant la porte.

Il est clair que nous n'avions pas la même définition de la colère. J'employais ce mot pour décrire l'état d'irritabilité intérieure provoquée par une contrariété, une insulte ou une injustice. Lui, il donnait au mot «colère» le sens de haine et de ressentiment, sentiments dont le but est de faire mal à l'autre ou même de le détruire.

Souvent il arrive que des prédicateurs, des maîtres spirituels ou des tenants du «Nouvel Âge» opposent pardon et colère. Selon eux, pour arriver à pardonner, il faudrait étouffer d'abord tout mouvement de colère et chasser toute pensée de vengeance. En somme, ils encouragent la répression de tout sentiment dit «négatif». Cette démarche me paraît sans issue. Car, de même que le pardon est impossible à accorder s'il n'a pas été précédé d'une prise de conscience et d'une acceptation de sa honte, ainsi le sera-t-il tout autant si l'on réprime sa colère et son goût de vengeance. Ne pas reconnaître et accepter sa colère et son envie de se venger sous le prétexte de vouloir pardonner, c'est se mentir à soi-même en plus de travestir le pardon en grimace sociale.

Mais attention! Il ne s'agit pas ici d'encourager ou de nourrir le ressentiment. On confond trop souvent l'émotion spontanée de la colère et le ressentiment. Il faut tout d'abord distinguer l'émotion passagère de la colère et de l'envie de se venger du sentiment volontaire et entretenu de la haine ou du ressentiment. Bien que la colère soit un mouvement violent de l'âme, elle contient, malgré ses apparences, des éléments positifs. Elle est une réaction normale à un acte d'injustice, une recherche d'authenticité et un effort pour enlever l'obstacle qui fait écran à l'amour d'autrui. Le ressentiment, par contre, s'implante dans le cœur humain comme un cancer. Il camoufle une colère sourde et tenace qui n'est assouvie que lorsque l'offenseur est puni ou humilié. Il peut revêtir diverses formes: sarcasme, haine durable, attitudes méprisantes, hostilité systématique, critique blâmante et passivité agressive qui tue toute joie possible dans les relations. Aussi longtemps que l'on ne veut pas reconnaître sa colère et en tirer le meilleur profit possible, il y a danger qu'elle pourrisse à l'intérieur de soi et se mue en ressentiment et en haine.

Les effets néfastes de la colère refoulée

Réprimer sa colère, c'est s'enfoncer dans un marais sans espoir d'en sortir. Quand une émotion est refoulée parce que jugée inacceptable par la société, on peut s'attendre à ce qu'elle surgisse tôt ou tard sous forme de déviations. Car on ne peut réprimer l'énergie émotionnelle. Elle parvient toujours à s'exprimer d'une manière artificielle et trompeuse. Pour qualifier ces déviations émotionnelles, l'école psychologique de l'analyse transactionnelle a créé l'expression «sentiment trafiqué». Examinons de plus près ces «sentiments trafiqués» causés par le refoulement malsain de l'agressivité.

La colère réprimée peut se déplacer et s'attaquer à des êtres innocents, qu'il s'agisse d'objets, d'animaux ou de personnes. Qui n'a jamais vu quelqu'un botter un objet ou même un animal pour soulager une colère rentrée? On retrouve des réactions semblables à l'égard des personnes. On a prétendu, non sans raison, que l'époux qui frappe sa femme essaie désespérément de se libérer de l'image de sa mère. J'ai déjà vu un enfant qui, après s'être fait gronder par sa mère, a servi une bonne taloche à son jeune frère.

Il arrive souvent que des poussées incontrôlables de violence tirent leur origine de l'accumulation de petites colères refoulées. Un de mes clients, qui affichait un sourire figé, vint me consulter pour apprendre à maîtriser ses accès périodiques de violence verbale. Son patron menaçait de le congédier et son épouse, de demander le divorce. Je refusai de l'aider à s'attaquer à sa colère, car je ne voulais pas échouer comme son directeur spirituel qui avait tout essayé pour l'empêcher de se fâcher. Je décidai plutôt de l'aider à apprivoiser sa colère et je lui demandai non pas de réprimer sa colère, mais de la laisser monter, de la reconnaître à travers ses tensions corporelles typiques, de l'accepter et de lui trouver des exutoires acceptables comme faire du sport, bûcher du bois et autres exercices vigoureux.

Un des effets les plus courants du refoulement de la colère est la tendance à prêter aux autres son propre sentiment d'irritation. L'individu qui n'a pas pris conscience de sa propre colère est porté à la transférer aux autres. C'est qu'il se sent alors menacé par les masques de sa propre colère qu'il attribue à certains individus. L'exemple suivant montre bien ce que je veux dire. Une femme d'une grande culture et d'un grand sens spirituel m'a écrit pour me partager ses angoisses au sujet du suicide de son garçon. Elle me racontait comment elle avait tôt fait de lui pardonner la peine et la détresse qu'il lui avait causées par son suicide. Par ailleurs, elle ne pouvait se résoudre à la pensée que Dieu ait pu pardonner à son fils un geste aussi répréhensible. Je pensai qu'elle ne pouvait pas assumer la colère ressentie à l'égard de son fils et qu'elle la projetait sur la personne de Dieu. Ce qui me persuada de la justesse de mon hypothèse, c'est que ses angoisses et ses doutes continuaient de la tenailler malgré les efforts des pasteurs pour la rassurer sur la bonté et la miséricorde divines.

Voici quelle fut ma réponse à sa lettre: «Madame, à aucun moment je n'ai osé douter de la sincérité de votre désir de pardonner à votre fils. Permettez-moi cependant de m'étonner du peu de temps que vous avez consacré à soigner votre douleur avant d'accorder votre pardon. Croyez-vous que votre deuil ait été assez mûr et votre grande blessure suffisamment cicatrisée pour songer vraiment à lui pardonner? Mon expérience auprès des personnes endeuillées par le suicide d'un être cher me permet d'affirmer que les survivants ont besoin de beaucoup de temps pour laisser leurs sentiments de colère et de culpabilité se manifester et se transformer. Vous auriez avantage à vous mettre à l'écoute de vos émotions. Ainsi vous pourriez accueillir en vous celles qui n'auraient pas encore trouvé une expression satisfaisante.» Quelque temps plus tard, je recevais une lettre où elle me disait que j'avais vu clair dans son cas et qu'elle s'était trouvé une bonne conseillère pour l'aider à assumer ses sentiments de culpabilité et de colère.

Une autre déviation de la colère consiste à la retourner contre soi-même. Elle se produit chez les personnes qui s'interdisent le moindre mouvement de colère et qui se culpabilisent à la première manifestation de celle-ci. Alors elles s'accusent, s'autopunissent, quand elles ne sombrent pas dans une dépression nerveuse, comme ce fut le cas de cette travailleuse sociale qui participait à un de mes ateliers sur le deuil. Un de ses clients, un jeune homme auquel elle s'était beaucoup attachée, s'était suicidé. Elle se reprochait amèrement d'avoir été absente le jour où il lui avait téléphoné pour recevoir de l'aide. Depuis lors, elle vivait avec l'idée qu'elle était en grande partie responsable de ce suicide. Elle s'accusait entre autres choses de s'être arrêtée à la pensée que, peut-être, le suicide serait une solution aux nombreux problèmes de son client. Après l'avoir écoutée me raconter ses émois, je lui suggérai de s'imaginer son jeune client assis en face d'elle et de lui répéter: «Je me sens coupable de ta mort.» Puis je lui proposai de remplacer cette phrase par la suivante: «Je t'en veux de t'être donné la mort malgré toute l'aide que je t'ai apportée». Après de longues hésitations, elle décida de lui dire sa déception et sa colère. Ses sentiments de déception et de colère s'intensifièrent au fur et à mesure qu'elle les exprimait. Puis, reconnaissant avoir été impuissante à empêcher le suicide de son client, elle fondit en larmes. Elle venait d'accepter ses limites. C'est alors qu'elle commença à se pardonner de s'être crue assez forte pour le sauver malgré lui.

La colère refoulée peut encore prendre divers déguisements tels que le blâme, la critique hargneuse, le cynisme froid, l'hostilité accusatrice ou la bouderie. Toutes ces manifestations de colère camouflée entrent dans la catégorie des «sentiments trafiqués». Ceux-ci ont comme caractéristique d'être intarissables et répétitifs. Par contraste, les sentiments authentiques s'éliminent d'eux-mêmes dès qu'on les exprime. C'est l'effet normal d'une catharsis réussie. Mais c'est tout à fait autre chose s'il s'agit de sentiments trafiqués. Ils collent à l'affectivité du sujet sans que celui-ci parvienne à leur trouver un mode d'expression adéquat. Le seul moyen de sortir de ce bourbier émotionnel consiste à renouer avec la colère réprimée et à lui trouver une juste expression.

La colère inavouée peut être la cause de plusieurs maladies psychosomatiques en raison de la grande dépense d'énergie et du stress qui s'ensuivent. Elle occasionne un stress malsain à l'origine de maux physiques les plus divers. Dans *La guérison des souvenirs* (1987: 135-136), les frères Linn rapportent les résultats de recherches conduites par le docteur Floyd Ring dans ce domaine. Il a étudié les diverses maladies provoquées par un manque de maîtrise de la colère ou par une expression maladroite de celle-ci. D'une part, il prétend que les manifestations excessives de colère, qu'elles soient physiques ou verbales, engendrent souvent les maladies suivantes: occlusion coronarienne, arthrite dégénérative et ulcères peptiques. D'autre part, les personnes qui refoulent leur peur et leur colère sont sujettes à des maladies de peau, à l'arthrite rhumatismale et aux colites ulcératives. Enfin, les gens qui en raison d'un contrôle excessif exercé sur eux-mêmes n'osent jamais exprimer leur colère et leur peur, lors même qu'ils en sont conscients, risquent de souffrir d'asthme, de diabète, d'hypertension et de migraines. Le tableau de ces maladies paraîtra peut-être trop sombre à certains, mais ce qui semble incontestable, c'est que la répression systématique des mouvements de colère provoque des états pathologiques et névrotiques tels que le sujet ne trouve plus l'énergie nécessaire pour s'engager dans la voie du pardon.

J'aimerais terminer cette section par quelques remarques sur la manière de se comporter avec ses fantaisies de vengeance. J'ai rencontré des gens qui pensaient chasser leurs idées de vengeance en les combattant de front. C'était peine perdue. Plus ils tentaient de les repousser, plus elles ressurgissaient d'une manière obsessionnelle. Pour t'en convaincre, fais le petit exercice suivant: essaie de *ne pas* penser à la couleur «rouge». Tu découvriras que c'est impossible, car pour imaginer le non-rouge, il te faudra d'abord penser au rouge. En fait, l'imagination ne peut concevoir le non-rouge. Ainsi en est-il de tes idées de vengeance. Elles s'imposeront d'autant plus fortement à ton imagination que tu auras essayé de les chasser. Autant les laisser venir à toi calmement et leur permettre de se dérouler comme un film. Dès que tu auras fait cela et que tu te les seras appropriées, ces fantaisies te paraîtront bien futiles. Il ne te restera qu'à décider de ne pas leur donner suite.

Les côtés bénéfiques de la colère

La colère entendue au sens d'un mouvement violent et agressif de l'âme n'a rien en soi de maléfique. Au contraire, elle relève d'un instinct salutaire de survie physique, psychologique et morale. Son effet maléfique ou bénéfique dépend de l'usage que l'on en fait.

Bien utilisée, elle sert au bon fonctionnement des relations humaines entre époux, entre amants, amis, parents et enfants, ou patron et employés. Dans tous ces cas, il importe de défendre ses frontières et ses valeurs, et de le faire parfois avec vigueur et indignation. À l'opposé de ce qui se passe quand on affiche une attitude d'indifférence ou d'agressivité rentrée, la juste manifestation de sa colère implique le désir de rétablir le contact. L'affirmation de soi, même colérique, cherche à enlever les obstacles à la communication et à l'amour.

D'autres effets bénéfiques découlent de l'agressivité non refoulée et assumée, comme, par exemple, celui de m'amener à découvrir les valeurs qui me tiennent le plus à cœur. La colère a donc ici comme effet de montrer avec plus de clarté ce qu'on veut être et faire. Elle sonne l'alarme, elle m'avertit du danger de permettre à un autre d'abuser de moi ou d'envahir mes frontières personnelles. Ou encore, la colère me fera réagir devant des injustices commises envers une personne ou un groupe d'individus. En somme, elle réveille en moi l'énergie morale requise pour affronter le mal et l'injustice.

Maîtriser sa colère pour la mettre à son service

Si le refoulement de la colère et de l'envie de se venger conduit fatalement à des impasses, que faut-il en faire au juste? Les laisser bouillonner en soi ou les apprivoiser? L'anecdote suivante suggère une réponse à ces questions. André se présente à moi à la suite d'une séparation pénible qui menaçait gravement son équilibre psychologique. Il arrivait à peine à remplir sa tâche de professeur dans une école secondaire. Il broyait sans cesse du noir et se culpabilisait du départ de son épouse, se reprochant entre autres choses ses éclats de colère verbale, et cela depuis de longues années. Ces emportements l'humiliaient beaucoup. Par moments, André parvenait à réprimer son tempérament volcanique grâce à d'énormes efforts de volonté, mais après quelques accalmies, il suffisait d'un événement banal pour le faire éclater à nouveau. Il présentait mille regrets et excuses, il se confessait et écoutait avec ferme propos les monitions et les encouragements de son confesseur, mais la bourrasque suivante de rage réduisait à rien tous ses beaux efforts.

Au début de la thérapie, je n'osais pas aborder avec lui le thème de la colère, craignant qu'il ne fût pas encore soulagé de la peine de sa séparation. Quand je le vis prêt à toucher à sa colère refoulée, je lui suggérai de travailler ce problème, mais il n'y semblait plus intéressé. Je voulus quand même ramener sur le tapis le sujet de ses poussées de bile. Il me fit entendre que sa colère était sous un parfait contrôle. Mais j'étais loin d'en être convaincu. Aussi décidai-je, un jour, de le mettre à l'épreuve. Je lui parlai des infidélités de son épouse et de son divorce pénible et humiliant. Il restait impassible. Je renchéris en lui rappelant comment il avait été cocufié sans le savoir alors que tout son entourage était au courant de l'affaire. Voyant de la rougeur lui monter à la figure et des plis se former sur son front, je lui demandai ce qui se passait en lui, mais il commença par nier ressentir la moindre émotion. Insistant, je l'invitai à me décrire les sensations qu'il éprouvait dans son corps. Il m'avoua qu'il avait une sorte de grosse boule à l'estomac. Je lui dis de rester en contact avec cette boule, mais il s'y refusa carrément, prétextant qu'il ne voulait pas se fâcher vu que c'était mal de le faire. Lui rappelant ma compétence morale et professionnelle de prêtre et de psychologue, je le priai de me faire confiance. Rassuré, il se concentra sur sa boule et se mit à me décrire la montée en lui de la colère et de tout ce qu'il aurait envie de dire et de faire. Je lui suggérai alors de parler à sa colère et de lui dire qu'il voulait la recevoir, l'accepter et la remercier d'être là pour le protéger. Second refus de sa part. Je dus l'inviter de nouveau à me faire confiance, si bien qu'il consentit enfin à s'adresser à sa colère, à l'accueillir comme une amie qui voulait le défendre, puis il lui déclara gentiment que, dans l'immédiat, il n'avait pas besoin de ses services. Chose merveilleuse, sa boule à l'estomac se mit à fondre et à se répandre en chaleur bienfaisante dans tout son corps.

Mon client venait de se réconcilier avec la partie colérique de son être, celle-là même qu'il avait combattue sans succès depuis si longtemps. André venait de sortir des alternances de répressions et d'explosions qui avaient entravé durant des années l'évolution de sa maturité émotive. Moins empêtré dans sa colère, il pouvait maintenant songer à parvenir au vrai pardon.

Quelques mois plus tard, je voulus vérifier les effets de sa réconciliation avec sa colère. Il me raconta le fait suivant: «Un jour que j'enseignais, j'essayais de me faire entendre de mes étudiants. Peine perdue. Ils parlaient plus fort que moi. Je sentis tout à coup la boule se former à l'estomac. J'étais sur le point de leur piquer une de mes violentes crises de colère. Je leur dis alors d'une voix ferme: "Attention! Je sens en ce moment monter une amie qui saura bien vous faire taire. C'est ma colère. Et vous savez qu'elle n'est pas belle à voir quand elle éclate. Si vous vous taisez, elle va se calmer." Stupéfaits de ma nouvelle manière d'imposer la discipline, mes étudiants se turent. Jean, je peux te garantir que je n'ai fait aucune colère depuis déjà quatre mois. J'ai appris à la reconnaître et à la respecter comme une amie.»

Comme on l'aura constaté à la lecture de cette histoire, il n'existe pas d'émotions «négatives» ou méprisables en soi. Les émotions constituent des énergies humaines positives. Elles demandent à être reconnues, maîtrisées et utilisées à bon escient. Par ailleurs, lorsqu'elles sont objet de crainte et refoulées dans l'inconscient, elles forment des noyaux d'émotions et d'images quasi autonomes qui prennent alors le nom de «complexes». En psychologie jungienne, le matériel refoulé forme «l'ombre» de la personnalité. Celle-ci devient anarchique et incontrôlable aussi longtemps que la personne refuse d'en prendre conscience et essaie de la fuir. Si la personne se résout à «manger» peu à peu son ombre, comme dans le cas d'André qui s'est réconcilié avec sa colère, ce qui semblait être un handicap destructeur se transforme en source d'énergie et d'épanouissement personnel et social.

Objections à se détacher du ressentiment

Certaines personnes blessées refusent d'abandonner leur ressentiment. En effet, elles craignent que, si elles acceptent de transformer leur ressentiment et leur haine, elles se trahiront elles-mêmes. Elles croient à tort que garder bien vivant leur ressentiment pourra sauvegarder leur dignité humaine et leur éviter de s'exposer à d'autres humiliations de la part de l'offenseur. Certes, l'intention de faire respecter sa dignité personnelle s'inspire de nobles sentiments, mais il n'en est pas moins certain que cultiver son ressentiment conduit à la détérioration de soi et à des cycles de vengeance stérile, comme nous l'avons vu plus haut. Or, il existe d'autres moyens de maintenir sa dignité et l'estime de soi sans pour autant se laisser ronger et détruire par sa propre animosité.

D'autres individus estiment que le ressentiment et la haine peuvent servir à les motiver pour se prouver à eux-mêmes et aux autres leur valeur et leurs capacités. C'est ce qu'une femme soutenait lors d'une de mes conférences. Elle affirmait que c'est grâce à sa haine et à sa rancune qu'elle avait entrepris et réussi des études. Elle avait voulu prouver à son ex-conjoint sa capacité d'autonomie financière. Après l'avoir félicitée de sa persévérance et de ses succès académiques, je lui demandai quand elle cesserait d'agir en fonction de son ex-conjoint pour mieux investir ses énergies en fonction d'elle-même et de ce qu'elle voulait faire de sa vie. Le ressentiment, comme une fusée, peut procurer au départ une forte poussée, mais de courte durée.

Pour respecter la colère et l'envie de se venger

Voici un autre exercice qui permettra d'entrer en contact avec sa colère en vue de l'accueillir et d'apprendre ce qu'elle peut faire pour soi. Il est possible que pendant l'exercice on entre en contact avec une émotion autre que la colère. Ne pas arrêter l'exercice. Derrière la colère se dissimulent souvent une souffrance inconsciente et beaucoup de honte.

Prends une position confortable. Écarte ce qui pourrait te distraire au cours des vingt prochaines minutes.

....

Prends le temps d'entrer en toi-même. Tout en te remémorant la situation où tu as été blessé, concentre ton attention sur ton corps. Sans les censurer, accepte les tensions, les raideurs, les «boules» et même les malaises physiques.

....

Quand tu auras repéré une réaction corporelle importante, fixe ton attention sur elle avec respect et délicatesse sans chercher à la modifier, à l'interpréter ou à l'éliminer.

....

Intensifie ton contact avec cette sensation corporelle en respirant en elle comme si c'était un poumon que tu voulais remplir d'air, puis vider.

....

Toujours centré sur ta réaction corporelle, tu prends l'air dont tu viens de la gonfler et tu le souffles à l'extérieur dans tes mains ouvertes à la hauteur de la figure.

....

À mesure que tu souffles l'air dans tes mains, commence à observer la forme que va prendre ta tension corporelle soufflée à l'extérieur. Plusieurs voient apparaître un nuage qui prend diverses formes et couleurs. Puis, au centre du nuage, ils distinguent une image toute particulière.

....

Prends tout le temps qu'il te faut pour bien discerner ce que signifie cette tension qui vient de se manifester dans l'image. Décris cette tension dans l'image par un nom ou une expression.

....

Que cette forme symbolise pour toi une émotion de colère ou une autre émotion, demande-lui: «Qu'est-ce que tu veux faire pour moi? De quoi veux-tu me défendre? Comment veux-tu m'aider?» Attends sa réponse. Puis, redis-lui sa réponse en tes propres mots pour lui signifier que tu l'as comprise. Continue le dialogue avec cette partie de toi en la traitant comme une amie.

....

À ce moment-ci, si tu crois en Dieu ou en quelque autre réalité spirituelle transcendante, songe à l'invoquer et à lui remettre ta blessure ou ta colère représentée dans le symbole. Demande-lui de t'aider à la transformer en source de connaissance, de croissance et de sagesse personnelles.

....

Quand tu seras satisfait de la transformation de l'état émotionnel tel que représenté dans ton symbole, reprends dans tes mains cette partie de toi ainsi transformée et commence à l'inspirer à l'intérieur de toi en la répartissant dans toutes les parties de ton corps.

....

Vérifie maintenant jusqu'à quel point ton malaise corporel du départ s'est modifié.

....

Si tu le désires, tu peux célébrer cette nouvelle intégration de toi-même par une prière, un chant, une danse ou tout simplement en notant ton expérience dans ton journal.

Chapitre 13

Sixième étape

Se pardonner à soi-même

Haïr son âme, c'est ne pouvoir se pardonner, ni d'exister, ni d'être soi.

Bernanos

Le pardon à soi-même m'apparaît comme le point tournant de la démarche du pardon. Les pardons à Dieu et à autrui devront d'abord passer par le pardon que tu t'accorderas. Celui qui veut pardonner mais qui ne parvient pas à se pardonner à lui-même, ressemble à un nageur que le ressac de la vague ramène constamment vers le large, loin du rivage. Tous les efforts que tu déploieras pour pardonner à l'autre se trouveront neutralisés par la haine que tu te portes à toi-même. Même dans le cas où l'on n'a pas subi d'offense ou d'injure spécifique, le pardon à soi-même demeure l'une des grandes pratiques psycho-spirituelles de guérison. Mon amie Carol avait bien retenu la recommandation de son vieux psychanalyste new-yorkais: «L'essentiel de ta thérapie, lui disait-il, c'est que tu apprennes à te pardonner à toi-même.»

Quand tu es blessé profondément, tu ne peux plus hésiter à te pardonner. De toute façon, tu y es acculé. Le coup dur reçu, surtout s'il vient d'une personne chère, aura mis en pièces ton harmonie intérieure. Se déclencheront alors en toi des forces antagonistes. Seul l'humble pardon que tu t'accorderas réussira à rétablir en toi la paix et l'harmonie et à t'ouvrir à la possibilité de pardonner à l'autre.

Prendre conscience de la haine de soi-même

L'harmonie intérieure reste toujours en équilibre fragile et instable. Une déception, une injustice ou un malheur survient-il que se réveillent en soi des voix discordantes qui envahissent presque tout l'espace de son monde intérieur, au point qu'il n'en reste plus pour le pardon. Ainsi empêtré en soi-même, on devient incapable de pardonner à l'autre. C'est bien ce que j'ai constaté au cours d'une fin de semaine de guérison pour personnes séparées et divorcées. J'ai demandé aux participants de décrire les obstacles qui les empêchaient de pardonner. Le principal obstacle qu'ils rapportaient provenait de la critique implacable d'eux-mêmes et de l'incapacité de se pardonner. Voici des extraits de leurs témoignages:

«Il m'est difficile de me pardonner à moi-même parce que j'ai brisé ma famille, que je n'ai pas réfléchi avant de partir, que je n'avais pas montré assez de grandeur d'âme pour tolérer les conflits conjugaux, que...»

«J'aurais dû prévoir les problèmes quand je me suis mariée avec un homme d'une telle fragilité psychologique.»

«Je m'en veux d'avoir été aussi naïf et de lui avoir donné toute ma confiance.»

«Je ne parviens pas à me pardonner d'avoir pu penser avant mon mariage que je pouvais changer mon mari alcoolique.»

«Je suis fâché contre moi-même d'avoir cru à ses mensonges et d'avoir enduré si longtemps ses infidélités et ses dépenses exagérées.»

«La personne à qui j'éprouve le plus de difficulté à pardonner..., c'est moi, la "nouille", pour m'être obstinée à vivre dans un mariage sans avenir, pour avoir été trop matérialiste,...»

«J'ai de la difficulté à me pardonner de ne pas être prête à pardonner.»

Ces «confessions» montrent bien à quel point les gens sous le coup d'une grande déception sont portés à s'en vouloir. Ils ne se pardonnent pas de s'être exposés à de tels malheurs, et l'offense qu'ils ont subie étale au grand jour leurs déficiences et leurs faiblesses. En plus d'être humiliés, ils se sentent submergés de honte et de culpabilité auxquelles se mêle le long cortège des humiliations du passé.

La genèse de la mésestime de soi

On peut discerner trois principales sources de la mésestime de soi: d'abord, la déception de ne pas avoir été à la hauteur de l'idéal rêvé; ensuite, les messages négatifs reçus des parents et de personnes signifiantes pour soi; enfin, les attaques de l'ombre personnelle formée en grande partie de son potentiel humain et spirituel refoulé et, par conséquent, non développé.

La première source d'hostilité envers soi vient de la recherche d'un bonheur et d'une perfection absolus, comme s'il fallait être tous des dieux ou des déesses, ou du moins des princes et des princesses. Ce désir d'infini agit toujours en soi malgré les limites et les impuissances de la créature que l'on est. Peu à peu, on doit apprendre à accepter sa finitude et à tolérer son sentiment de culpabilité de ne pas être parfait. L'acceptation concrète de son état de créature a toujours été considérée comme un grand pas dans la voie de la santé psychologique et spirituelle. On l'appelle «l'humilité». Cette vertu aide à prendre la juste mesure de soi. Elle permet de se pardonner non seulement d'être limité et faillible, mais de s'être cru tout-puissant, omniscient, irréprochable et parfait à tous égards.

Une deuxième source de culpabilisation et de détestation de soi vient des messages négatifs de la part de personnages que l'on regarde comme importants dans sa vie. Ces messages sont d'ordre non verbal ou verbal. Prenons d'abord les messages négatifs non verbaux. Le bébé ressent dans son corps une foule de messages non verbaux, tels les gestes d'impatience et d'agressivité des parents. Qu'il s'agisse de fatigue, de dépression, de refus inconscient de l'enfant, de négligence des soins hygiéniques, d'intrusions dans son intimité d'enfant, d'actes de violence, d'abus sexuels, l'enfant les enregistre dans son système nerveux et sa mémoire.

Plus tard, la mésestime et même la haine de soi croîtront par suite de messages verbaux dépréciatifs, tels les propos désobligeants, les jugements malveillants, les comparaisons, le ridicule, les surnoms, etc. L'accumulation de messages défavorables créent chez la personne un complexe d'infériorité tel qu'elle se compare constamment à un idéal impossible parce que confus et mal défini. Déçue d'elle-même et toujours perdante, elle s'enfoncera dans le cafard et dans des états dépressifs périodiques, quand elle ne sera pas poussée au suicide, forme suprême du refus de se pardonner.

La troisième source possible du sentiment de culpabilité et de malaise envers soi-même émane de «l'ombre» de la personnalité. L'ombre se compose de tous les aspects de soi que l'on n'a pas pu ou pas su développer parce qu'on les croyait inacceptables par son milieu social. Pris de panique devant des parties de soi que l'on juge irrecevables, on les enfouit dans son inconscient. C'est ce que l'on fait trop souvent, par exemple, avec l'agressivité qu'on a peur d'assumer. Celle-ci fera surface au moment de l'offense, exigeant qu'on lui rende sa place. Si, à ce moment, elle n'est pas reçue et acceptée, il y a danger qu'elle se retourne contre la personne qui la méconnaît. Au lieu d'être son alliée, elle passera dans les rangs de l'ennemi pour attaquer sous la forme d'une auto-accusation maladive.

L'identification à l'agresseur

À la suite d'une offense, d'une injure ou d'une attaque personnelle, il se produit un étrange phénomène qu'on appelle en psychologie «l'identification à l'agresseur». C'est en quelque sorte un moyen de survie. On vise par là à échapper à l'état de victime en se substituant à l'offenseur lui-même. En se revêtant ainsi de la puissance de l'agresseur, la victime a l'illusion de sauvegarder une certaine dignité ou un semblant d'autonomie. Mais le problème est que, même une fois l'offense disparue, on continue à être son propre persécuteur. Presque toutes les écoles de psychologie reconnaissent l'existence de ce mécanisme de défense qu'elles désignent sous divers vocables: «surmoi», «parent critique», «culpabilité névrotique», «top dog», «complexe de supériorité», etc.

Cette partie de son être se fait alors tyrannique et impitoyable envers soi-même. Elle se manifeste dans certaines expressions qui trahissent une exigence démesurée envers soi, de même qu'un perpétuel mécontentement. Voici quelques exemples de ce dialogue intérieur: «il faut que je...», «je dois...», «J'aurais dû...», «Il aurait fallu que je...» Parfois cette aigreur s'exprime par des surnoms avilissants et des injures qu'on s'adresse à soi-même.

Un tel dialogue crée une polarité où deux parties de soi-même entrent en conflit. L'une a tendance à tyranniser l'autre par des exigences impossibles à satisfaire alors que l'autre subit toutes les accusations et est portée à se déprécier devant ses pauvres performances et, d'autres fois, à se révolter. De cette guerre souvent inconsciente résultent des sentiments de culpabilité, d'angoisse diffuse et des états dépressifs.

Ainsi donc, chaque fois qu'on est victime d'une offense ou d'une agression, une partie de soi se laisse contaminer par l'action dégradante de l'agresseur et se fait complice de son propre offenseur en se persécutant elle-même. Le mal qu'on lui a fait l'amène à ruminer les paroles blessantes, à revoir les images de l'événement malheureux et à ranimer les émotions vécues lors de l'offense. Le mal s'est infiltré en soi, et celui qui a été molesté risque fort de retourner contre lui-même et contre les autres les abus dont il a été l'objet.

Il arrive souvent en thérapie que des gens s'accusent avec les paroles mêmes de leur agresseur. Une cliente répétait sans cesse: «Que je suis "bête"!» Je lui demandai de se redire cette injure en écoutant bien la tonalité de sa voix pour découvrir à qui appartenait cette voix qui l'avait qualifiée de «bête». À sa grande surprise, elle reconnut dans sa voix celle de son mari qui l'avait traitée ainsi en la quittant.

Il s'ensuit que l'une des premières conditions de pardon à soi-même consiste à commencer par se pardonner de s'être identifié à son offenseur.

L'acceptation de soi-même et le pardon

Le prix que l'on doit payer pour le manque d'acceptation et d'estime de soi est très élevé. Dans *L'homme à la recherche de son âme*, le grand psychologue Carl Jung soutient que la névrose origine du manque d'acceptation et d'estime de soi: «La névrose est un état de guerre avec soi-même, écrit-il. Tout ce qui accentue la division qui est en lui fait empirer l'état du patient, et tout ce qui réduit cette division contribue à le guérir.» (Linn 1987: 84) Le même auteur poursuit en parlant de l'amour de soi: «L'acceptation de soi est l'essence même du problème moral et la synthèse de toute une vision de la vie. Si je donne à manger à ceux qui ont faim, si je pardonne une insulte, ou si j'aime mon ennemi au nom du Christ, cela constitue sans aucun doute de grandes vertus. Ce que je fais au plus petit de mes frères, c'est au Christ que je le fais. Mais que ferais-je si je découvrais que le plus petit de tous, le plus pauvre de tous les mendiants, le plus exécrable de tous ceux qui m'ont offensé se trouvent à l'intérieur de moi-même, que c'est moi qui ai besoin de l'aumône de mon amabilité, que c'est moi l'ennemi qui réclame mon amour?» *(Ibidem)*

Il faut avouer que nous avons tous à nous pardonner à plus d'un titre, à savoir de nous être crus tout-puissants comme des dieux; de nous être exposés aux blessures d'autrui; de nous être laissé dénigrer par les messages négatifs de nos parents et éducateurs; d'avoir permis à notre ombre de se retourner contre nous et, finalement, d'avoir été de connivence avec l'offenseur au point de perpétuer en nous ses gestes offensants.

Devant les défis si grands que comporte le pardon à soi-même, n'y a-t-il pas de quoi être tenté par le découragement, sinon par le désespoir? Oui, sans doute. Selon toute vraisemblance, nous y succomberions si nous devions compter sur notre seule initiative et sur nos propres forces seulement. Bernanos ne pensait pas autrement: «Un être que l'on contraint à se regarder hors de la "douce pitié de Dieu" ne peut que tomber dans la haine et le mépris de soi.» (Perrin 1987: 243)

Quoi qu'il en soit, on aura compris, je l'espère, l'importance vitale de se pardonner. Ce pardon à soi-même conditionne la réussite de tous les autres. C'est ce que le sage soufi, Hasdai Ben Ha-Melekh, déclarait: «Si quelqu'un est cruel envers soi-même, comment peut-on attendre de lui la compassion pour les autres?»

Pour aider à se pardonner

1 – Grâce à ce premier exercice, on apprendra à se traiter avec plus de douceur. Il s'agit de prendre conscience de toutes les fois où l'on s'accuse et où l'on se donne des ordres en utilisant les expressions telles que «il faut que je...», «je dois...», «je devrais...», «je suis obligé de...»

Commence par dresser une liste de ces expressions de ton langage quotidien. Par exemple: «Il faudrait que je pardonne à mon conjoint.» Puis, pendant que tu répertories cette série de «il faut» et d'autres formules de commandement, prends le temps de t'arrêter à chacune d'elles et de ressentir ce qui se passe en toi. Tu comprendras sans doute comment toutes les contraintes que tu t'imposes sont autant de causes de stress.

Une fois ta liste terminée, remplace chacun des «il faut», des «il faudrait», des «je dois» et des «je devrais» par «je choisis de» ou «je suis libre de». Arrête-toi pour savourer le nouvel état d'âme créé par cette substitution.

2 – Cet exercice vise à refaire l'harmonie intérieure rompue par le choc de l'offense. (À cause de la longueur de l'exercice, il serait préférable de l'avoir enregistré sur cassette audio.)

Assis confortablement, le dos droit, pendant vingt minutes, élimine toute source de distractions. Prends quelques moments pour bien entrer en toi-même.

....

D'abord, prends conscience des deux parties de toi: celle qui t'accuse et celle qui est accusée.

....

Mets tes deux mains sur les genoux et demande-toi laquelle de tes mains pourrait représenter la partie accusatrice. Assure-toi que l'autre main est apte à jouer la partie accusée. Chez plusieurs sujets, c'est souvent la main dominante qui joue le rôle de l'accusateur, et l'autre, celui de l'accusé.

....

Une fois ces deux parties bien identifiées, lève la main accusatrice de côté, au-dessus de la tête en pliant le coude pour éviter de trop te fatiguer. Dirige-la un peu en arrière de la tête. Regarde-la bien comme si elle était un écran sur lequel tu vois se dessiner ta partie accusatrice. Comment la décrirais-tu? (Pause) Quels visages semblent se cacher derrière cette partie de toi qui se montre si exigeante, tyrannique et culpabilisante? (Pause) Entends une ou des voix t'adresser des reproches. (Pause)

....

Maintenant, dépose tes doigts sur ton épaule et, en pliant le coude, laisse reposer ton bras.

Lève l'autre main de côté, un peu au-dessus de la tête et un peu en arrière d'elle. Regarde la partie de toi-même qui cette fois est accusée. Elle est la partie sensible, tendre et vulnérable de toi-même, qui a tendance à se déprimer sous les reproches. Comment la décrirais-tu? (Pause) Quel âge a-t-elle? (Pause) Regarde-la se manifester au long des différentes périodes de ta vie. (Pause)

....

Mets tes doigts sur ton épaule et laisse reposer ton bras.

Reviens maintenant à la partie accusatrice. Lève bien la main de côté et au-dessus de la tête. Les yeux de nouveau fixés sur la partie accusatrice de toi-même, pose-toi les questions suivantes: «Est-ce que j'apprécie cette partie de moi-même, bien qu'elle se montre si exigeante à mon égard et me dispute si souvent? (Pause) Quelle intention positive a-t-elle pour agir ainsi avec moi? (Pause) Qu'est-ce qui m'arriverait si j'en étais privé? (Pause) Peu à peu, cherche à découvrir l'intention positive qui l'anime. Même si tu n'apprécies pas toujours ses façons de vouloir t'aider, prends conscience qu'elle veut ton bien.

....

Dépose les doigts sur ton épaule et laisse reposer ton bras. Passe maintenant à l'autre main. Lève-la au-dessus de ta tête et un peu vers l'arrière. Pose-toi les mêmes questions: «Qu'est-ce que j'apprécie le plus en elle, malgré sa grande sensibilité et vulnérabilité? (Pause) Quelle intention positive a-t-elle sur moi? (Pause) Qu'est-ce que je ferais si je ne l'avais pas?» (Pause) Peu à peu, prends conscience de toute son importance pour toi, même si tu ne prises pas toujours les moyens qu'elle prend pour se faire aimer.

....

Laisse reposer ta main sur ton épaule. Reviens à l'autre main en la soulevant au-dessus de la tête, de côté et un peu vers l'arrière. Demande-lui pardon pour toutes les fois que tu ne l'as pas appréciée ou que tu as voulu t'en débarrasser.

....

Après avoir reçu son pardon, dis-lui que tu lui pardonnes pour toutes les fois où elle a été trop dure et maladroite envers toi. Demande-lui de trouver d'autres moyens plus humains et plus aptes à réaliser les performances qu'elle attend de toi.

....

Repose-toi la main et le bras et adresse-toi de nouveau à la partie tendre et sensible de toi-même. Demande-lui pardon pour toutes les fois où tu l'as jugée trop sensible et trop vulnérable et que tu as voulu l'ignorer ou t'en défaire.

....

Après avoir reçu son pardon, accorde-lui ton pardon pour toutes les souffrances qu'elle t'a causées. Demande-lui de trouver des moyens plus efficaces pour te faire accomplir ce qu'elle veut de toi.

....

Maintenant, mets tes deux mains devant toi, au-dessus de ta tête, séparées d'environ un mètre. Prends quelques moments pour contempler les deux parties de toi qu'elles symbolisent et tout ce que chacune t'offre de richesses, de qualités et de ressources.

....

Quand tu te sentiras prêt, rapproche à ton propre rythme tes mains l'une de l'autre. Tu continues à contempler l'identité propre à chacune des deux parties. Quand elles se toucheront, croise tes doigts et ramène tes mains croisées sur ton estomac. Puis entre profondément en toi.

Sans effort, sans même chercher à t'expliquer ce qui se passe en toi ou essayer de deviner tout ce qui t'arrive, laisse les deux parties de toi-même continuer de se rencontrer pour qu'elles puissent apprendre davantage à se connaître, à s'intégrer, à collaborer et à se respecter mutuellement.

....

C'est bien ça. Entre maintenant encore plus profondément à l'intérieur de toi; abandonne-toi à la sagesse inconsciente qui est à l'œuvre en toi (ici, tu peux invoquer ta source spirituelle d'inspiration). Demande-lui d'opérer l'harmonisation de ces deux parties de toi-même afin qu'elles puissent vivre dans la paix, le calme et la sérénité.

....

Savoure ce calme, cette paix, cette unité intérieure. Tout en demeurant dans cet état de détente et de puissance, imagine-toi voir les yeux de la personne qui t'a blessé et prends conscience pendant quelques secondes de tout ce que tu peux lui enseigner. Maintenant, laisse partir ses yeux. Puis reviens goûter la paix et l'unité profon-

des que tu éprouves en toi. Les deux parties de toi-même vont continuer leur réconciliation et leur intégration dans les jours qui viennent, dans les semaines qui viennent, dans les mois qui viennent.

Choisis dans ton appartement un objet qui symbolisera l'état de calme, de joie et de sérénité que tu vis actuellement. Quand, chez toi, tu le regarderas, il ravivera en toi ton expérience présente de calme, de paix et de joie.

....

Puis, à ton propre rythme, laisse-toi revenir au monde extérieur. Tu comptes jusqu'à dix pour te permettre de reprendre contact avec les bruits, la lumière et les couleurs qui t'entourent.

Cet exercice te procure un grand sentiment de paix et d'harmonie intérieure. Tu pourras le refaire plusieurs jours de suite. La nouvelle harmonie que tu auras établie avec toi-même te facilitera la tâche d'accorder à autrui ton pardon.

3– L'exercice précédent visait à refaire l'harmonie intérieure. Celui-ci permettra d'expérimenter le pardon à soi-même.

Prends le temps voulu pour bien entrer en toi.

Renouvelle ton intention de te sentir libéré de toute mésestime et de toute haine à ton égard. Prépare-toi à te recevoir avec amour et compassion.

Demande à Dieu ou à ta source personnelle d'inspiration spirituelle de t'accompagner dans cette démarche de pardon à toi-même et de remplir ton cœur de force et d'amour.

Le moment est venu de laisser tomber tout sentiment d'agression, de mésestime de toi, de colère envers toi-même. Laisse s'évanouir tous ces sentiments destructeurs.

Rejette toute tentation de te rabaisser, de te disputer, de te comparer, de te croire supérieur ou inférieur aux autres.

Une fois pour toutes, tu te donnes la permission d'être toi.

Réalise combien il est pénible de te savoir rejeté de toi-même et de vivre à côté de ton propre cœur.

Lentement, invite ton cœur à te reprendre et à t'aimer de nouveau.

Avec une grande douceur, écoute-le dire à la partie mal-aimée de toi: «Je te pardonne tes faiblesses, ton humanité blessée, tes aspirations démesurées, toutes tes fautes. Je te pardonne. Je te pardonne.»

....

Laisse ton cœur te dire: «(ton nom: ....), je te reçois en moi. Je veux t'y faire une vaste place. Je te pardonne; je te pardonne.»

C'est bien ça. Efface tout jugement défavorable et toute amertume à ton égard. Laisse disparaître tout sentiment de dureté envers toi.

Continue à te recevoir avec gentillesse et amour comme tu le ferais pour un enfant qui t'aurait offensé. Fais-toi encore plus de place dans ton cœur et imagine-toi le voir t'envelopper de sa lumière et de sa chaleur.

Il se peut que tu te surprennes à te juger trop indulgent à ton endroit, au point de t'en sentir troublé. Accueille ces pensées sévères qui voudraient t'empêcher de te pardonner. Reçois-les et laisse-les fondre dans la chaleur bienveillante de ton cœur.

Sens que ton cœur s'amollit petit à petit et se fait plus tendre à ton égard.

Commence à goûter la joie de te pardonner et la naissance d'une nouvelle liberté intérieure. Le soulagement que tu éprouves te fera comprendre qu'il est futile de t'en vouloir plus longtemps.

Laisse la compréhension et l'estime de toi, la paix et la compassion de ton cœur imprégner tout ton être.

Vois jusqu'à quel point le sentiment de libération produit par le pardon à toi-même te permettra de montrer plus de compassion aux autres et de leur pardonner.

Compassion pour soi-même

Je veux me pardonner

de rechercher l'inaccessible étoile

d'être fragile

d'avoir honte de ma douleur

de m'accuser dans mon malheur

d'entretenir le désir d'une perfection inaccessible

de m'être fait complice de mon persécuteur

de m'être mis en dehors de mon cœur

d'avoir ruminé des accusations blessantes à mon égard

de n'avoir pas été capable de tout prévoir

de me haïr sans compassion

de me sentir impuissant à accorder le pardon aux autres

Bref, je veux me pardonner d'être humain.

Chapitre 14

Septième étape

Comprendre son offenseur

Le pardon amène à suspendre tout jugement sur l'offenseur et à découvrir son vrai Soi, créateur et étincelle de divinité.

Joan Borysenko

Lors d'une conférence que je donnais sur les étapes du pardon, une grosse dame blonde m'écoutait avec attention; au moment où j'abordais l'étape qui consiste à comprendre son offenseur, elle m'interrompit sur-le-champ: «Je vous ai suivi jusqu'ici, dit-elle, mais là, c'en est trop; je ne veux plus essayer de comprendre mon ex-conjoint, j'ai perdu trop de temps à ce petit jeu-là.» Je lui répondis du tac au tac: «Vous n'avez pas à franchir toutes les étapes du pardon d'un trait et dans la même soirée. Peut-être auriez-vous avantage à revenir à l'étape de l'acceptation de votre colère.» Si, comme mon auditrice, tu te sens bloqué à une étape donnée, il serait utile de te demander si tu n'as pas brûlé l'une ou l'autre des étapes antérieures. D'où l'importance de respecter ton rythme personnel de progression dans ta démarche de pardon.

Si donc ta blessure est encore trop vive et mal guérie, c'est en vain que tu t'engageras dans la présente étape. Elle suppose que tu as cessé d'être trop préoccupé de ta blessure. Te sens-tu prêt à sortir de toi-même pour changer ta perception de celui qui t'a fait du tort?

Est-il nécessaire de te rappeler, avant d'aller plus loin, que comprendre l'offenseur ne signifie pas l'excuser et encore moins le disculper? Le comprendre, c'est porter un regard plus lucide sur lui pour saisir toutes les dimensions de sa personne et les motifs de sa faute.

Il est évident que tu ne réussiras pas à tout comprendre sur lui et sur son comportement. Mais le peu d'intelligence que tu en auras acquis te rendra le pardon plus facile. Le pardon ne t'apparaîtra plus comme un geste irréfléchi ou aveugle, car tu auras trouvé des «pourquoi» à sa conduite offensante. Du même coup, tu seras mieux disposé à changer l'image que tu t'es faite de lui, et l'effort de pardon en sera soulagé d'autant. À l'opposé de ceux qui te conseillent de pardonner les yeux fermés, je t'invite à pardonner les yeux bien ouverts pour voir grand et à découvrir chez ton offenseur des aspects jusque-là inconnus de toi.

Comprendre l'offenseur implique cesser de le blâmer

L'humiliation et la douleur causées par l'offense influencent la perception que l'on se fait de l'offenseur et peuvent la fausser. On est alors porté à voir en l'offenseur un être exécrable, trompeur, agressif, infidèle, dangereux, menaçant, haineux, irresponsable, etc. Le souvenir obsessionnel du geste offensant conditionne le regard de l'offensé au point que l'offenseur cesse d'être une personne capable d'évoluer, puisqu'il serait marqué à tout jamais par son délit. Il devient souvent la malveillance et la méchanceté personnifiées.

D'où la tendance à se laisser emporter par l'indignation et à oublier les paroles de l'Évangile: «Ne vous posez pas en juges, afin de n'être pas jugés.» (Matthieu 7, 1) Notons d'abord que l'expression «ne pas juger» ne signifie pas «ne pas se servir de son jugement», mais plutôt ne pas s'en servir pour «condamner» autrui. Ensuite, cette consigne évangélique ne s'inspire pas d'une sèche et pure obligation morale, mais vise avant tout la poursuite de son propre bien. Car si je n'évite pas de condamner autrui, je n'éviterai pas non plus d'être éventuellement condamné à mon tour. Comment cela se fera-t-il? D'abord en condamnant autrui, je risque de me perdre de vue moi-même dans la mesure où je me concentre avec excès sur les défauts de l'autre. Puis l'aveuglement sur ma personne m'entraînera à projeter à mon insu sur l'autre mes propres fautes et faiblesses. Si par ailleurs je m'abstiens de condamner autrui, j'aurai plus de chances d'avoir une vue plus objective de moi-même et, par conséquent, une vue plus objective de mon offenseur. N'est-ce pas là le message de Jésus qui dit sous une forme imagée: «Qu'as-tu à regarder la paille qui est dans l'œil de ton frère? Et la poutre qui est dans ton œil, tu ne la remarques pas?» (Matthieu 7, 3)

Condamner mon offenseur revient en quelque sorte à me condamner moi-même. Une grande partie de ce que je réprouve dans l'autre est souvent une part de moi-même que je refuse de reconnaître en moi. Mon offenseur devient alors l'écran sur lequel je projette les côtés de moi-même qu'il m'est trop pénible de regarder. La personne condamnée me reflète mes aspects mal-aimés. À cet égard, il serait intéressant de m'attribuer à moi-même les défauts et les défaillances dont j'accable l'offenseur. Accueillir ainsi ce qui me fait peur en moi est indispensable à ma croissance. En récupérant mes côtés que je considère faibles et déficients, je deviens plus complet et donc plus moi-même. Je ne saurais donc comprendre mon offenseur si, auparavant, je ne me suis pas approprié les faiblesses et les défauts dont je l'affuble.

À la réflexion, le précepte de ne pas condamner son offenseur se confond avec celui d'«aimer ses ennemis». Ici encore, cet enseignement ne s'inscrit pas dans une morale du devoir mais dans un désir de croissance personnelle. Car, dans le contexte du pardon, l'ennemi ou l'offenseur me renvoie ces parties mal-aimées de moi-même qui constituent mon «ombre». Donc, «aimer son ennemi» revient à accueillir en soi son «ombre», c'est-à-dire ce qui fait peur ou qui provoque la honte en moi. Or, m'appliquer à ne pas condamner mon ennemi et à l'aimer, c'est ne pas condamner mon ombre et commencer à l'apprivoiser et à l'aimer. Le non-jugement, dans l'acte du pardon, amène en quelque sorte à une réconciliation avec son offenseur, mais surtout, à une réconciliation avec le côté obscur et ténébreux de soi-même qui peut s'avérer une immense ressource personnelle.

Comprendre, c'est mieux connaître les antécédents de l'autre

«Dieu pardonne tout, car il comprend tout», dit un vieil adage. Vérité profonde qu'il importe de garder en mémoire pour franchir la présente étape. Il est clair qu'une meilleure compréhension des antécédents familiaux, sociaux et culturels d'une personne aidera à lui pardonner. Même si ces conditionnements ne justifient pas sa conduite malveillante, du moins l'expliqueront-ils en partie.

C'est bien ce que je découvris en tentant de comprendre les crises d'angoisse et les éclats de colère de mon père que je trouvais inexcusables. Je changeai du tout au tout mon attitude intolérante à la suite d'une conversation avec ma tante sur l'enfance de mon père. Aîné de la famille, il avait dû, dès son jeune âge, s'acquitter de la trop lourde responsabilité de «l'homme de la maison» durant les longues absences de son père. D'où les peurs et les angoisses constantes de ne pas être à la hauteur de la situation.

Une fois connues l'hérédité et l'histoire d'une personne, il est plus facile de se mettre dans sa peau et de comprendre ses écarts de conduite. Ainsi, le fait de savoir qu'un abuseur sexuel a été lui-même victime d'abus ne diminue pas la gravité de son crime, mais rend plus indulgent à son endroit.

Comprendre, c'est chercher l'intention positive de l'offenseur

Virginia Satir qui fut thérapeute familiale pendant plus de quarante ans manifestait une telle confiance dans les personnes qu'elle cherchait toujours à découvrir l'intention positive des actes de ses clients, fussent-ils des plus crapuleux. À son avis, chez tout individu se trouve une volonté irréductible de croissance, même dans des gestes de grande méchanceté. L'intention positive était pour elle le riche filon intérieur qui lui permettait de rejoindre son client et d'amorcer avec lui un changement de conduite. Une fois l'intention positive découverte, elle l'aidait à en prendre conscience et à en apprécier toute la beauté. Puis elle lui suggérait des moyens constructifs pour réaliser cette intention de croissance. Par exemple, elle comprenait que l'intention positive d'une suicidaire était de cesser de souffrir; celle du père violent, d'avoir la maîtrise de son enfant; celle du jeune voleur à l'étalage, de prouver sa valeur auprès de ses camarades; celle de l'enfant rebelle, de démontrer son pouvoir à ses éducateurs.

C'est avec la même intention positive que certaines personnes croient devoir en blesser une autre pour l'amener à se corriger et à progresser. Combien d'humiliations certains éducateurs n'infligent-ils pas avec la meilleure volonté du monde? Je me souviens bien du jour où le maître de chapelle, après une heure d'exercice de chant, exhiba de ses poches avec solennité un bout de papier et, en présence d'une chorale de trente chanteurs, lut à haute voix: «Les frères André, Claude et Jean doivent se retirer immédiatement et définitivement de la chorale.» Le dépit au cœur, je quittai la chapelle sur-le-champ en faisant une génuflexion au Saint-Sacrement. Je me demande encore aujourd'hui pourquoi ce père ne nous avait pas avisés de notre renvoi avant l'exercice de chant. Certes, il a réussi à m'humilier mais il s'est trompé s'il a voulu par là me faire pratiquer l'humilité. Je revois aussi ce professeur d'anglais au secondaire qui terrorisait toute la classe de son sarcasme en lisant à haute voix les compositions des plus faibles. On ne peut fermer les yeux sur de telles maladresses et sur les conséquences qu'elles entraînent dans la vie des victimes. Or, si déplorables que soient ces méthodes, on ne saurait douter des bonnes intentions de ces éducateurs.

Par ailleurs, s'il arrive que certains fassent du tort avec de bonnes intentions, il arrive que d'autres en fassent sans le vouloir. Pensons aux chauffards ivres ou drogués qui tuent ou blessent quelqu'un dans des accidents; aux parents en train de divorcer et qui, contre leur gré, perturbent la vie de leurs enfants; aux soignants qui, à cause d'un mauvais diagnostic ou d'un traitement erroné, ruinent la santé de leurs malades; au soutien d'une famille qui, pour s'être compromis dans des affaires risquées, menace le bien-être de sa femme et de ses enfants. Dans tous ces cas, les victimes subissent de graves dommages. Cependant, savoir que les responsables de ces torts n'ont pas fait exprès ne peut certes pas éliminer les souffrances subies, mais peut du moins atténuer la répugnance à pardonner.

Comprendre, c'est découvrir la valeur et la dignité de l'offenseur

On a tendance à réduire l'offenseur à son geste malveillant et dès lors à le mésestimer sans réverves. Pourtant, un comportement fautif de l'offenseur est loin d'être le dernier mot sur lui. Car, en dépit de ses fautes, il reste capable de changer et de s'améliorer. Plus la déception est profonde, plus elle porte à ne voir que les défauts de l'offenseur et à vouloir l'abîmer. Le danger est encore plus grand quand il s'agit d'une personne proche et aimée. À ce propos, je me souviens d'avoir été édifié par l'attitude positive d'une femme dont la vie personnelle et familiale avait été gâchée par un mari alcoolique. Elle me disait que, même si elle avait décidé de le quitter, elle n'avait pas cessé de l'aimer malgré tout et d'admirer sa tendresse, son courage, son sens de l'humour et sa profonde foi religieuse. Elle ajouta: «Personne ne pourra m'enlever l'amour et la joie d'avoir vécu avec cet homme.» Émerveillé, je la regardais se déprendre de son aventure conjugale avec dignité et dans un grand respect envers son ex-conjoint. Je ne voyais plus en elle la victime encore sous le joug d'un mari alcoolique, mais une femme libre.

Comprendre, c'est accepter de ne pas tout comprendre

Même si l'on voulait tout savoir sur son offenseur, on ne saurait jamais percer totalement le secret de sa personne, ni même découvrir tous les motifs de son geste, motifs souvent inconnus à lui-même. On se retrouve devant le mystère d'une personne vivante, de sorte que comprendre l'offenseur, c'est accepter de ne pas tout comprendre. C'est ce qu'avait saisi un ouvrier qui, à la fin d'une conférence sur le pardon, vint me voir pour me confier sa philosophie de la vie: «Si quelqu'un me fait un tort, je dis à Dieu: "Je ne comprends pas pourquoi il me fait ça, mais j'ai confiance que toi, tu le sais." Et cette réflexion suffit à garder ma paix intérieure.» Ces paroles font écho à la pensée du docteur Philippe Madre: «Pardonner, c'est, en définitive, non pas un geste d'effacement (en fait impossible car le mal que je pardonne fera toujours partie de mon histoire), mais un geste de confiance en l'autre, confiance à travers une certaine souffrance, qui n'est possible qu'avec l'aide de Dieu.» (1982: 187)

Pour comprendre l'offenseur

Est-il nécessaire de rappeler à nouveau que les exercices que je propose de faire se déroulent suivant une certaine progression? S'il arrivait de se sentir mal à l'aise et inconfortable au cours d'un exercice, il ne faudrait pas s'acharner à le poursuivre. En restant en contact avec son malaise ou sa résistance intérieure, on sera à même de découvrir où l'on en est rendu dans sa démarche de pardon. Cette prise de conscience aidera à se situer et à mieux apprécier le prochain pas à faire dans la bonne direction.

1– Entre en toi-même. Prends le temps de voir avec les yeux de l'imagination celui qui t'a fait du mal. Repasse en toi ce que tu connais de son histoire personnelle. Si tu en as le courage, mets-toi dans sa peau et demande-toi ce qui te serait arrivé si tu avais eu à vivre les mêmes événements que lui.

2– Après l'exercice précédent, je t'invite à déceler l'intention positive qui animait ton offenseur dans ses actes répréhensibles: désir de se protéger lui-même, besoin de pouvoir, façon de sauvegarder sa dignité, etc. Notons que reconnaître l'intention positive ne signifie pas que tu sois d'accord avec les moyens utilisés par l'offenseur pour l'exécuter.

3– Dresse une liste des défauts que tu perçois chez ton offenseur, surtout de ceux qui t'agacent le plus, puis applique-toi chacun de ces défauts. Par exemple, après avoir déclaré: «Je hais son agressivité», dis-toi: «Je suis moi-même agressif.» Peut-être découvriras-tu sous le défaut que tu lui reproches une partie mal-aimée de toi. Si c'est le cas, songe d'abord à accueillir celle-ci pour l'intégrer à l'ensemble de ta personnalité. Par exemple: «J'aurais besoin d'harmoniser ma douceur excessive avec une affirmation plus agressive de moi-même.»

Chapitre 15

Huitième étape

Trouver dans sa vie un sens à l'offense

Le défi... est d'entrelacer
les fils ténus d'une vie brisée
afin d'en faire une œuvre
riche de sens et de responsabilité.

Gordon Allport

Ta démarche de pardon a déjà couvert plusieurs étapes. Après avoir décidé de ne pas te venger, tu t'es avisé de faire un courageux retour sur toi et tu as déjà senti que ta blessure était en voie de guérison. Grâce à tes prises de conscience successives et à l'acceptation de ta souffrance intérieure, tu t'es reconnu disposé à comprendre ton offenseur. Tu as ainsi posé les bases et les conditions psychologiques de ton pardon. Au cours de la huitième étape, je t'invite à dépasser le point de vue purement psychologique pour découvrir le sens positif de l'offense reçue ou pour lui en donner un. Qu'apprendras-tu de cette injure, de cette offense, de cette trahison, de cette infidélité? Comment comptes-tu l'utiliser pour grandir et te réaliser en profondeur?

Ce que je te demande, c'est de déceler les effets positifs possibles que l'offense aura produits dans ta vie. Comment vas-tu faire servir cet échec à ton avantage? Les effets nocifs de l'échec ne perdurent que pour ceux qui choisissent de ne plus avancer et de s'apitoyer sur leur sort. Au lieu de céder à cette tentation, il importe de se rappeler qu'il n'y a pas d'erreur ou d'échec qui ne recèle des éléments de croissance. Trouver le sens positif de l'échec consiste à en découvrir la fécondité cachée. Ne te laisse donc pas arrêter par ceux qui diront: «Il n'y a rien de bon à espérer d'un malheur.» Moi, je peux t'assurer du contraire, à savoir que ta blessure peut devenir source de croissance. Que de personnes ont vu leur vie prendre une nouvelle direction et leur être s'épanouir à la suite d'une grande épreuve!

Il se peut, je crois opportun de le dire avant d'aller plus loin, que tu te sentes en ce moment bouleversé, agacé et même fâché par l'invitation de trouver un sens positif à ta blessure et à ses effets dans ta vie. Une réaction de ce genre serait le signe que tu n'es pas encore prêt à entreprendre la présente étape. Il te faudrait revenir aux étapes précédentes pour les approfondir et mieux les assumer.

Le dépaysement bénéfique de l'offense

Le premier effet de l'offense sur la victime est celui d'un choc et d'un profond dérangement. Elle se sent secouée durement. Ses idées préconçues, ses opinions arrêtées, ses convictions, ses préjugés ainsi que ses scénarios de vie s'en trouvent chambardés. Or si pénible que soit la situation, elle ne laisse pas d'être prometteuse de vie. Elle peut se révéler être un moment précieux de lucidité, une occasion propice pour sortir de sa myopie habituelle. Un de mes professeurs affirmait que très peu de personnes savent tirer parti des richesses et possibilités du réel. La plupart des gens portent sur les événements des jugements stéréotypés. Ils les voient à travers les lentilles déformantes de leurs attentes, de leurs préjugés personnels et culturels ou de l'opinion toute faite de leur milieu. Sans essayer de découvrir le sens profond d'un événement, ils se contentent de jugements banals et généraux du genre «c'est bon» ou «c'est mauvais», «c'est blanc» ou «c'est noir».

L'histoire suivante tirée du folklore chinois démontre bien l'inutilité de tels jugements. Un jour, un fermier perdit le plus beau de ses étalons, un cheval magnifique qui s'était enfui. Ses voisins vinrent le trouver pour s'apitoyer sur son sort: «Comme tu es malchanceux!» lui dirent-ils. Lui, de répondre: «C'est possible...» Le lendemain, voici que réapparaît son étalon dans l'enclos avec trois belles juments sauvages à ses côtés. Les voisins s'empressèrent d'aller féliciter le fermier de sa bonne fortune. Même réponse laconique: «C'est possible...» Un jour, le fils du fermier, en voulant dompter une des juments, se brisa la jambe. Les voisins accoururent de nouveau pour déplorer son malheur. Mais le fermier eut la même réaction: «C'est possible...» Quelques jours plus tard, une troupe de militaires vinrent mobiliser de force les jeunes gens de la place. Ils ne voulurent pas cependant s'embarrasser du jeune homme handicapé. «Quelle chance!» de s'exclamer les voisins. Et le fermier de répéter: «C'est possible...»

En raison de ses préjugés et de ses opinions préconçues sur les personnes et les événements, on se retrouve souvent déçu et frustré. On a des idées bien arrêtées sur la manière dont les parents devraient agir avec leurs enfants, sur la manière dont un conjoint devrait se comporter, sur la manière dont le patron devrait traiter ses employés, sur la manière dont Dieu devrait sauver le monde, etc. Or les choses ne se passent pas comme prévues. Et c'est tant mieux.

Car le choc de l'offense est salutaire. Il débarrasse l'offensé de ses œillères et le fait quitter ses positions rigides. C'est encore plus vrai d'une offense causée par un être cher; l'offensé, frustré dans ses attentes irréelles, devra s'en purifier pour en arriver à apprécier et à aimer ce parent ou ce proche pour ce qu'il est en vérité.

Découvrir les acquis de sa perte

Dans certaines de mes conférences, j'incite souvent mes auditeurs à réfléchir sur ce que leur a apporté l'expérience d'avoir été injuriés, insultés, ou victimes d'une infidélité ou d'une injustice. Je les amène à s'interroger comme suit: «Qu'avez-vous appris de cette expérience? Comment avez-vous grandi à travers l'épreuve? Jusqu'à quel point votre vie a-t-elle pris un nouveau sens?» Voici quelques échantillons de réponses:

«Je me connais beaucoup mieux.»

«J'ai acquis plus de liberté intérieure.»

«Ça m'a fait prendre conscience de mes valeurs. Après mon divorce, je me suis aperçue que je pouvais devenir davantage moi-même et vivre selon mes valeurs.»

«Ma peine d'amour m'a appris à mieux me connaître. Maintenant, au lieu de dépendre de l'amour des autres, j'ai commencé par m'en donner à moi-même.»

«C'est fini, je ne me laisserai plus blesser par les autres. Je vais apprendre à mieux me protéger.»

«J'ai appris à dire "non" quand ça ne correspond pas à mes valeurs.»

«Quand ma femme m'a quitté, je me suis dit: "Je n'ai plus le choix, il faut que je fasse le ménage dans mon écurie." Alors, malgré mon orgueil, j'ai demandé de l'aide pour la première fois dans ma vie.»

«Mon épreuve m'a tissé un cœur aimant.»

«J'ai beaucoup plus de compassion et de compréhension pour les autres.»

«J'ai cessé de courir après des maris alcooliques pour les sauver. J'ai pris conscience que c'était moi qui avais besoin de secours.»

«Dans ma détresse, j'ai retrouvé l'amour et la fidélité du Seigneur après m'être bien fâché contre lui.»

Quand j'interpelle ainsi les personnes sur les nouveaux sens qu'a pris leur vie à la suite d'une offense, je suis toujours étonné de la variété et de la qualité des réponses. Parfois, l'effet positif de l'offense et de l'injustice dont elles ont été victimes s'est manifesté spontanément. D'autres fois, la découverte des acquis positifs et leur approfondissement se sont étendus sur plusieurs semaines, voire même sur plusieurs mois. Au début, ces personnes voyaient leur vie comme un puzzle indéchiffrable, mais après la découverte du sens de l'offense, une nouvelle vision de leur vie s'est formée et précisée.

L'offense qui conduit au «connais-toi toi-même»

Personne d'autre que soi ne saurait parvenir à trouver un sens à la perte que l'on vient d'encourir, mais cela ne veut pas dire que l'on n'a pas besoin de quelqu'un pour être poussé à le faire. Malheureusement, ils sont rares les guides qui savent conduire à une plus grande connaissance de soi et éveiller aux possibilités de croissance qu'offre le malheur.

Une grave injustice ou une offense sérieuse peuvent marquer le point de départ d'une aventure humaine enrichissante qui se déroule en trois temps. Dans un premier temps, il s'agira de faire le deuil de sa situation précédente. Le deuxième temps, dit «la période de la marge» ou de «l'entre-deux», sera consacré à une meilleure connaissance de soi et de ses projets futurs. Cette période de «l'entre-deux» est capitale et déterminante. On doit s'y adonner en profondeur avant de s'engager dans le troisième temps, celui de la réorganisation de sa vie en vue d'un nouveau départ.

Le grand danger, ici, est de négliger la phase décisive de l'entre-deux: ou bien on sera tenté de revenir en arrière pour s'y cantonner, ou bien on sera porté à passer immédiatement à la phase du nouveau départ dans la vie. Dans les deux cas, on se condamne à un échec.

Mais pourquoi donner une importance si grande à la phase de l'entre-deux? Une fois que la blessure s'est faite moins cuisante et préoccupante, il est nécessaire de s'arrêter et de faire le point sur l'événement malheureux: «Comment en suis-je arrivé à me mettre dans une telle situation de vulnérabilité?» Avec la brisure qu'apporte l'offense, on devient de plus en plus en mesure d'abandonner certaines illusions et attentes impossibles que l'on entretenait sur soi et sur les autres. Plus que jamais on se retrouve face à face avec soi-même et on se rend compte que les positions et les rôles assumés jusqu'alors perdent de leur importance. Confronté au vide autour de soi, on est amené à se poser la question fondamentale: «Qui suis-je?» Cette question-là, nul autre que soi ne peut y répondre, pas même son psychologue ou son accompagnateur. Cette interrogation sur son identité profonde comportera sans doute des moments de solitude, d'angoisse et de peur de se tromper. Mais si on persévère, on verra combien ce moment de réflexion peut se transformer en une nouvelle et féconde connaissance de soi.

Durant cette période de «l'entre-deux», une troisième question s'imposera à soi: «Qu'est-ce que je veux faire de ma vie?» «Quelles nouvelles raisons de vivre vais-je me donner?» Encore une fois, les réponses à ces questions ne se trouvent nulle part ailleurs qu'à l'intérieur de soi. Encore faut-il avoir le courage et la patience de les laisser émerger et de les accueillir.

Subir une injustice ou une offense est loin d'être une expérience intéressante. Une fois le traumatisme passé, cette expérience te ramènera à toi-même et à ta liberté intérieure. Elle te placera devant le choix de te laisser abattre ou de réagir. Si tu acceptes de réagir, tu t'ouvriras à la possibilité de retrouver ton identité profonde et de nouer de nouveaux liens avec les autres. La raison en est que tu auras trouvé un sens à ta souffrance. C'est le message que livre le docteur Victor Frankl dans *Découvrir un sens à sa vie*. Il parlait en connaissance de cause, lui qui avait enduré tant de souffrances et d'humiliations dans des camps de concentration sans se laisser abattre. Il écrit: «L'important est donc de faire appel au potentiel le plus élevé de l'homme, celui de transformer une tragédie personnelle en victoire, une souffrance en réalisation humaine.» (1988: 121)

Pour découvrir le sens positif de la blessure

Je propose ici une série de questions dans le but d'aider à découvrir le sens positif de sa blessure. Il est important de se laisser interpeller par ces questions — certaines parleront sans doute plus que d'autres — et d'être attentif aux réponses que suggère sa voix intérieure sans songer à les censurer. Il se peut qu'une réponse évolue et qu'avec le temps seulement on découvre toute la portée et la signification qu'elle a pour soi. Au cours de l'exercice, il serait utile de noter ses réflexions dans son journal.

— *Qu'est-ce que j'ai appris de l'offense subie?*

— *Quelles nouvelles connaissances ai-je acquises sur moi-même?*

— *Quelles limites ou fragilités ai-je découvertes en moi?*

— *Suis-je ensuite devenu plus humain?*

— *Quelles nouvelles ressources et forces de vie ai-je découvertes en moi?*

— *Quel nouveau degré de maturité ai-je atteint?*

— *À quoi cette épreuve m'a-t-elle initié?*

— *Quelles nouvelles raisons de vivre me suis-je données?*

— *Jusqu'à quel point ma blessure a-t-elle fait émerger le fond de mon âme?*

— *Dans quelle mesure ai-je décidé de changer mes rapports avec les autres et particulièrement avec Dieu?*

— *De quelle façon vais-je maintenant poursuivre le cours de ma vie?*

— *À quel grand personnage actuel, historique ou mythique, l'offense subie me porte-t-elle à m'identifier?*

Chapitre 16

Neuvième étape

Se savoir digne de pardon et déjà pardonné

Seul celui qui a fait l'expérience du pardon peut vraiment pardonner.

George Soares-Prabhu

Pèlerin intérieur sur la voie du pardon, tu te rends peu à peu à l'évidence que l'acte de pardonner tient à la fois de l'effort humain et du don spirituel. Le pardon s'avère donc une tâche humaine par l'activité psychologique que tu déploies et un don par la grâce divine qui compense tes pauvretés. Sans doute, dans le travail de pardon que tu as fait jusqu'ici, as-tu déjà touché à tes limites personnelles, et as-tu senti le besoin d'une aide spéciale. Maintenant, tu entres plus à fond dans l'univers spirituel où tu auras moins à agir qu'à te laisser agir. Ici, les efforts personnels deviennent moins importants que l'humble ouverture et le patient accueil à la grâce. Quand ta démarche de pardon entre dans la sphère du spirituel, tu as moins d'initiative et de maîtrise, ton travail consiste davantage à te détendre pour te laisser envahir par la grâce.

Le but de ce chapitre est de t'amener à reconnaître que non seulement tu es digne de pardon, mais qu'on t'a déjà pardonné à plusieurs reprises dans le passé. Cette prise de conscience t'aidera à pardonner, car il en va du pardon comme de l'amour. La personne incapable de se laisser aimer ou de se rendre compte qu'elle l'est ne peut donner de l'amour aux autres. De même, si celui qui veut pardonner n'arrive pas à sentir qu'on lui a pardonné, comment pourra-t-il à son tour pardonner? Laisse donc tomber tes résistances à te laisser aimer en profondeur et à recevoir le pardon des autres, en particulier celui de Dieu. Voilà le défi que tu es invité à relever.

La nécessaire expérience du pardon pour pardonner

Pour illustrer la nécessité d'avoir expérimenté le pardon d'autrui avant de devenir capable de pardonner à ton tour, voici l'histoire de Corrie Ten Boom. Corrie fut libérée d'un camp de concentration nazi peu de temps après l'invasion de l'Allemagne par les Alliés. Elle mit beaucoup de temps à se libérer de sa sourde haine à l'endroit de ses bourreaux. Un jour, elle décida d'entreprendre une cure de pardon. Une fois sûre de s'être totalement libérée de sa haine et d'avoir pardonné, elle conçut le grand projet de guérir les blessures et les inimitiés engendrées par la seconde guerre de ces pays. Elle se lança donc dans une croisade à travers plusieurs pays, y prêchant la force créatrice du pardon et de l'amour.

Elle ne craignit pas de se rendre en Allemagne pour répandre son message. Ce soir-là, à Munich, après s'être adressée à un groupe d'Allemands désireux de se faire pardonner, elle vécut une expérience déchirante qui mit à l'épreuve sa propre force de pardon. Un homme s'avança vers elle; il lui présenta la main en lui disant: «Ja, Fraulein Ten Boom, comme je suis heureux de vous avoir entendue dire que Jésus nous pardonne tous nos péchés.»

Corrie reconnut sur le champ l'un de ses bourreaux du camp de concentration. Elle se rappela comment il les avait humiliées, elle et ses compagnes, en les forçant à prendre leur douche toutes nues sous son regard méprisant de «surhomme». Au moment où il voulut lui serrer la main, Corrie sentit soudain la sienne se figer à son côté. Elle prit alors conscience de son incapacité de lui pardonner; elle en fut à la fois étonnée et terrifiée. Elle s'était pourtant crue si sûre d'être guérie de sa blessure, d'avoir vaincu sa haine et d'avoir pardonné. Mais à cet instant, face à l'un de ses bourreaux, elle était saisie de mépris et de haine. Paralysée, elle ne savait plus quoi faire ou dire.

Elle se mit alors à prier: «Jésus, je me sens impuissante à pardonner à cet homme. Pardonnemoi.» Au même moment, quelque chose de merveilleux se passa; elle se sentit rejointe par le pardon de Jésus. Sa main se leva et prit celle de son ancien tortionnaire. Du même coup, elle venait de se libérer et de libérer son bourreau de son horrible passé.

Comment expliquer un revirement aussi soudain? On l'aura deviné. Le miracle du pardon s'est produit chez Corrie grâce au sentiment indescriptible que Jésus lui avait pardonné son impuissance à pardonner. Son propre aveu d'impuissance avait attendri son cœur et l'avait rendue capable de recevoir la grâce de pardonner.

Comment décrire le sentiment d'être digne de pardon

Comme je viens de le dire, se sentir l'objet d'un pardon est une expérience indescriptible. Les mots manquent pour en exprimer la nature, la profondeur et l'intensité. Elle ne se compare à aucune autre expérience, comme celles de l'amour passionnel, de la reconnaissance, de la joie, de la réussite, des retrouvailles entre amis, etc. Elle rejoint en quelque sorte le Moi dans ses profondeurs. À ce titre, on peut la qualifier d'expérience fondamentale.

Lewis Smedes (1984: 118) l'appelle «fundamental feeling». Fondamentale, car elle procure plus que toutes les autres expériences le sentiment d'être reconnu et estimé pour ce que l'on est au plus profond de soi. On se sent alors aimé d'une manière inconditionnelle en dépit de ses laideurs, de ses défauts, de ses insuccès ou de ses transgressions. À ce moment-là, on dirait que le Moi profond se savait relié à la source de l'amour, et inséparable d'elle. On pourrait comparer ce sentiment à la chaude impression de sécurité et de confiance de l'enfant voulu et aimé pour lui-même par ses parents. Bien qu'on puisse éprouver une grande culpabilité à la suite de ses fautes ou erreurs, le sentiment d'avoir été jugé digne de pardon est encore plus fort. Il procure l'assurance de ne plus jamais pouvoir perdre cette source d'amour infini. On sait qu'en tout temps, on peut revenir s'abreuver à cette source et se revoir confirmé dans l'amour.

Il nous arrive pourtant de ne plus éprouver ce «fundamental feeling». Le retrouver, par ailleurs, est une expérience très émouvante. Je l'ai faite moi-même lors d'une session d'étude sur l'utilisation d'histoires et d'anecdotes à des fins pastorales. Dans une salle où s'entassaient plus de quatre cents prêtres, ministres, religieux, religieuses et pasteurs, John Shea, théologien célèbre pour son talent de conteur, nous fit le récit de la parabole de l'enfant prodigue. Au début, je ne me sentais guère intéressé. Or voilà que je me laissai prendre par le conteur au point d'en avoir les larmes aux yeux. Et je n'étais pas le seul! Quand je sortis de l'envoûtement, d'un coup d'œil furtif, je m'aperçus que presque toute la salle pleurait. Certains même sanglotaient au point que leurs voisins jugèrent bon d'aller les réconforter. John Shea, grâce à son talent dramatique, avait réussi à faire revivre chez ses auditeurs deux sentiments opposés: l'immense désir de se savoir aimé et pardonné et la conviction de ne pas en être digne.

On ne peut cependant se procurer à volonté un tel sentiment; et ne se sent pas aimé jusqu'au pardon qui veut. La seule chose que l'on peut faire, c'est de se préparer à recevoir cette grâce spéciale qui s'apparente à celle de la conversion. L'Évangile nous enseigne que les convertis sont ceux qui se sont laissé aimer malgré leur pauvreté, tandis que les endurcis sont ceux qui ont refusé l'amour et le pardon. D'une part, on voit des personnages comme Marie-Madeleine, Zachée, Matthieu, la Samaritaine accepter d'être touchés par l'amour miséricordieux du Christ; d'autre part, les scribes et les pharisiens, Simon et le débiteur impitoyable parmi tant d'autres bien-pensants demeurent insensibles à l'amour et au pardon.

Obstacles à se reconnaître aimé jusqu'au pardon

Pourquoi autant de résistance à se laisser atteindre par la grâce du pardon? Pour le savoir, examinons quatre catégories de personnes imperméables au pardon. Il se peut que l'on se reconnaisse parmi elles.

Il y a, certes, ceux qui se croient impardonnables. Ils ont l'impression que leurs fautes sont tellement énormes que jamais on ne pourra les leur pardonner. Les gens de cette espèce se font, semble-t-il, de plus en plus rares dans la société sécularisée.

Il y a ensuite ceux qui ne croient pas à la gratuité de l'amour. Ils admettent en principe la possibilité d'un amour inconditionnel, mais ils n'y croient pas en pratique, car ils sont convaincus que rien n'est gratuit et que tout doit se payer un jour ou l'autre, y compris le pardon. Ces gens ont souvent eu des parents qui ne leur manifestaient jamais un amour gratuit. Ils n'étaient aimés qu'en récompense des notes élevées obtenues à l'école, de leur bonne conduite ou des services qu'ils rendaient.

Il existe une troisième catégorie de personnes qui refusent le pardon. Elles n'en sentent nullement le besoin puisqu'elles semblent ne ressentir aucune culpabilité individuelle ou sociale. Elles vivent dans une sorte de vide moral et spirituel. Elles souffrent d'une névropathie spirituelle et morale qui les rend insensibles à tout besoin de pardon. Ne serait-ce pas le lot de plusieurs de nos contemporains? Certains penseurs vont jusqu'à prétendre que ce manque de sensibilité morale serait la cause d'un grand nombre de suicides chez les jeunes (Peters 1986: 20).

Dans la dernière catégorie se classent ceux qui rejettent tout simplement la culpabilité comme une lacune psychologique. Certaines écoles de psychologie considèrent le sentiment de culpabilité et le besoin de pardon comme un manque de maturité et d'autonomie. L'on confond ici le sentiment obsessionnel et maladif de culpabilité avec celui d'une saine culpabilité. Alors que le sentiment névrotique de culpabilité tyrannise l'individu et l'écrase, le sentiment sain et normal de culpabilité l'alerte sur ce qu'il est en vérité: un être limité et faillible. Ce regard de vérité sur lui est libérateur et il peut l'amener à se fixer un idéal moral réaliste.

Accepter de recevoir le pardon sans se sentir humilié ou diminué, voilà le défi. Plusieurs refusent le pardon justement pour éviter l'humiliation. Philippe Le Touzé, décrivant le drame du pardon de Dieu chez les personnages de Bernanos, fait ressortir ce refus: «Mais l'homme se ferme au pardon, qui l'humilie et lui ôte l'illusion de son autonomie pour le mettre à la merci d'un autre; d'où l'entreprise moderne pour refaire un univers sans Dieu.» (Perrin 1987: 237) Une vue déformée de l'autonomie pousse à des actes de fausse indépendance, alors que la véritable autonomie rend capable de choisir ses dépendances.

En résumé, il semble évident que celui qui ne s'aime pas et ne se pardonne pas ne pourra pas non plus aimer et pardonner à autrui. Par ailleurs, l'amour de soi-même et le pardon à soi-même semblent irréalisables et illusoires sans la prévenance de l'Autre. Il paraît alors essentiel d'accepter de se savoir digne de pardon et pardonné pour se rendre capable de pardonner à son tour.

Pour se rendre capable d'accueillir le pardon

1– Te laisser aimer dans le pardon n'est pas chose facile. Pour t'y aider, je te propose un exercice apte à te mettre en état de **recevoir** simplement. Certaines personnes actives et généreuses n'ont jamais appris à **recevoir**, et encore moins à se laisser gâter. Elles se sentent plus maîtresses et sûres d'elles-mêmes quand elles donnent. Elles tolèrent mal le sentiment de dépendance qu'engendre chez elles le fait de recevoir.

Donne-toi le loisir de recevoir et d'accueillir tout ce que la vie t'offre de sensations agréables aujourd'hui: l'odeur des rôties, l'arôme du café, la chaleur du soleil, la vue d'un beau paysage, les formes d'un arbre, les couleurs de la saison, le sentiment d'être bien en vie, l'audition d'une belle pièce de musique, etc. Laisse ces sensations baigner tout ton être, ne serait-ce que quelques minutes chaque jour.

2– Ce deuxième exercice a pour but de renforcer ta capacité de **recevoir**.

Prends une position confortable; puis rappelle-toi les marques d'attention que tu as reçues au cours de la journée: salutations, compliments, visages heureux de te voir, signes de reconnaissance, accueil enjoué de ton chat ou de ton chien, lettre d'un ami, etc. Comment as-tu accueilli ces présents tout ordinaires de la vie? As-tu pris le temps de laisser descendre en toi la joie de recevoir, afin qu'elle prenne racine dans ton affectivité et que tu puisses la célébrer?

3– Cet exercice est tiré de mon livre *Aimer, perdre et grandir.* Je l'ai intitulé: «Les litanies de l'amour».

Prends une position de détente et écarte de toi toute distraction. Commence par te réciter à toi-même la litanie des personnes, des animaux, des plantes et des objets qui t'aiment. Exemple: Jean m'aime, ma mère m'aime, Dieu m'aime, mon ami Arthur m'aime, mon chien m'aime, le soleil m'aime, la brise m'aime, ma peinture m'aime, etc. Vas-y rondement sans t'inquiéter du degré ou de la qualité de l'amour. L'important est que tu prennes conscience des multiples formes d'amour qui t'entourent.

4– En vue de te savoir digne de pardon et gracié, dresse la liste des personnes qui t'ont pardonné tes erreurs, tes faiblesses, tes défauts et tes fautes dans le passé. Une fois la liste achevée, prends le temps de revenir sur chacun des pardons reçus. Savoure-les un à un. Laisse-toi alors envahir par le sentiment de ta valeur et ignore les autres sentiments qui viendraient l'amoindrir.

5– Prends le temps de méditer ces paroles de saint Jean: «Devant lui nous apaiserons notre cœur, car, si notre cœur nous accuse, Dieu est plus grand que notre cœur et il discerne tout.» (1 Jean 3, 19-20)

Chapitre 17

Dixième étape

Cesser de s'acharner à vouloir pardonner

Mais ne faites pas sa volonté
avec acharnement et tension.
Détendez-vous. Lâchez prise.
Remettez-vous-en à Dieu.

Thomas Kelly

Toi qui jusqu'ici as consacré tant d'efforts à cheminer sur la «route incertaine» du pardon, tu es sans doute surpris par le libellé de ce chapitre: cesser de t'acharner à vouloir pardonner. Car au moment où tu es sur le point de t'engager plus en profondeur dans la phase «spirituelle» du pardon, tu vas te rendre compte qu'un pur effort de volonté, loin de t'aider, pourrait te nuire. Le moment est dès lors venu de te détacher de tout orgueil subtil et de tout instinct de domination auxquels tu serais tenté de céder pour vouloir pardonner à tout prix. L'entêtement à vouloir pardonner en ne comptant que sur tes propres forces refléterait une recherche malsaine de toi-même. Tu as donc à renoncer à vouloir être l'unique auteur de ton pardon et, par suite, au pouvoir personnel qu'il pourrait t'apporter.

Ainsi, tu te débarrasseras de tous les faux motifs de pardonner que tu aurais pu te donner. Ils ne feraient que vicier la beauté et la vérité de ton geste. Du même coup, tu auras fait en toi le vide nécessaire à la grâce du pardon pour accomplir son action.

Au cours de cette étape, tu apprends à renoncer à tout désir de suffisance incompatible avec la sublimité du pardon. Tu te prépares même à renoncer à la volonté, aussi louable qu'elle soit, de perfection personnelle. Tout cela pour permettre à l'inspiration divine d'agir en toute liberté. Certes, tu continues de maintenir ton bateau sur le cap du pardon, mais tu cesses de ramer pour te laisser pousser par la brise divine.

À partir du moment où tu as décidé de pardonner, tu as dû exiger de toi une bonne mesure d'ascèse personnelle. Mais le pardon n'est pas le résultat d'une simple ascèse personnelle. Il dépend d'une autre source, d'une source divine. Tu acceptes de n'être pas le seul agent de ton pardon, mais de collaborer à l'action divine. N'est-ce pas ce que Jésus Christ lui-même a fait sur la croix? Il n'a pas voulu accorder lui-même le pardon à ses bourreaux, mais il a demandé à Dieu de le faire pour lui: «Père, pardonne-leur car ils ne savent pas ce qu'ils font.» (Luc 23, 34)

L'acharnement empêche la venue du pardon

Comment m'est venue l'idée de ne pas s'obstiner à vouloir pardonner? Elle m'est arrivée après avoir entendu l'histoire d'un religieux missionnaire qui s'était acharné, mais en vain, à pardonner à coups de volonté. Ardent missionnaire, il s'était consacré corps et âme à l'évangélisation de son peuple d'adoption. Mais ses méthodes apostoliques étaient loin d'être également appréciées par tout le monde. Elles lui attirèrent des calomnies de la part de certains. Ces propos parvinrent aux oreilles de son supérieur provincial qui prit peur et enjoignit au missionnaire de quitter sa mission et de rentrer au pays, dans les plus brefs délais. Il est facile de comprendre qu'après tant d'années de dévouement apostolique notre missionnaire fût complètement atterré de voir s'écrouler en un instant toute sa carrière missionnaire.

Après quelques mois de repos et de réflexion, il voulut se libérer du ressentiment épuisant qui empoisonnait sa vie et décida de pardonner à son ex-provincial le tort et la souffrance qu'il lui avait causés. Il commença par prier et faire prier pour lui. Plusieurs fois par jour, il répétait à l'adresse de son ex-provincial: «Je te pardonne.» Mais c'était peine perdue, rien ne réussissait à apaiser son amertume. Au contraire, son obstination à vouloir pardonner n'arrivait qu'à l'endurcir dans son ressentiment.

Désemparé, ce religieux crut bon de recourir à un moyen ultime: une retraite fermée à l'unique fin de réussir à pardonner. Il se mit à la tâche dès le début de sa réclusion: lectures sur le pardon, longues heures à la chapelle et répétition de la formule:

«Je te pardonne.» Par moments il croyait avoir atteint le but. Mais le lendemain il se réveillait avec la même morsure au cœur. Le soir de la quatrième journée, alors qu'il méditait à la chapelle, il prit machinalement le Nouveau Testament, l'ouvrit au hasard et tomba sur le texte de la guérison du paralytique. La remarque des pharisiens, «Dieu seul peut pardonner», lui sauta aux yeux. Il comprit sur-le-champ l'inutilité de s'entêter à pardonner en ne comptant que sur ses propres forces. Il comprit enfin que c'était la volonté de puissance qui le menait. Ses beaux efforts n'avaient servi qu'à camoufler son humiliation et sa colère. Il venait de se rendre compte du désir inavoué de se montrer moralement supérieur à son ex-provincial et, du même mouvement, d'exercer à son égard une subtile vengeance.

Cette découverte l'amena à s'en remettre totalement à Dieu. Il commença par se détendre. Puis il se mit en état de recevoir la grâce du pardon, mais sans savoir comment, quand et où elle lui serait accordée. Deux jours plus tard, il eut la sensation d'abord confuse puis de plus en plus nette que quelque chose s'était délié en lui. À partir de ce moment, il sentit une paix l'envahir, son cœur devenir moins lourd et son âme, libérée. Curieusement, il n'éprouvait même plus le besoin de prononcer sa formule incantatoire: «Je te pardonne.» Le ressentiment avait lâché prise, le pardon s'installait à demeure en lui.

Éviter le danger de réduire le pardon à une obligation morale

Voici une autre raison de renoncer à pardonner à force de volonté seulement. Le pardon ne peut pas être l'objet d'un commandement ou d'un précepte moral. Il est facile de glisser dans ce travers et de priver le pardon de son côté spontané et gratuit. N'est-ce pas ce que saint Pierre n'arrivait pas à comprendre quand il demandait à Jésus: «Seigneur, quand mon frère commettra une faute à mon égard, combien de fois lui pardonnerai-je? Jusqu'à sept fois?» Pierre, tout imbu de préoccupations légalistes, désirait des règles morales précises sur le pardon. On connaît la réponse de Jésus qui prit le contre-pied de la recommandation de Lamek de se venger soixante-dix fois et déclara: «Je ne te dis pas jusqu'à sept fois, mais jusqu'à soixante-dix fois sept fois.» (Matthieu 18, 21-22) La réponse de Jésus laisse clairement entendre que le pardon ne relève pas d'une morale de l'obligation, mais bien d'une mystique de la gratuité, laquelle régit les rapports intimes entre Dieu et la personne humaine. Loin d'être l'objet d'un commandement, le pardon implique dans la pensée de Jésus la conversion du cœur et l'option d'un style de vie correspondant aux mœurs divines. Or, qui pourrait prétendre vivre de la vie même de Dieu sans en avoir reçu le don? Ce n'est donc que d'un cœur libre et gracié que peut émerger le pouvoir de pardonner.

À entendre et à lire certains prédicateurs et «maîtres spirituels», on serait porté à penser le contraire. Ils mettent une telle insistance sur l'obligation de pardonner qu'ils donnent l'impression que le pardon ne serait que le fruit d'une volonté généreuse non soutenue par la grâce divine. Par de tels propos, ils entretiennent leurs auditeurs et lecteurs dans une illusion de grandeur sur leur capacité de pardonner. Rien d'étonnant qu'en raison de leurs échecs répétés à pardonner, plusieurs se laissent aller au découragement.

Certaines pratiques religieuses en Église n'ont pas toujours su éviter ce dérapage en matière de pardon. Que l'on pense aux directives données autrefois pour l'administration du sacrement du pardon. Elles reflétaient une mentalité par trop juridique et légaliste. On parlait du tribunal de la pénitence, du confesseur comme d'un juge, de l'obligation de la confession, de la nécessité de la confession méticuleuse des fautes. Il n'est pas surprenant qu'à la fin on perdait de vue la gratuité de l'amour de Dieu à l'égard du pécheur. Une certaine théologie légaliste du pardon n'aurait-elle pas contribué en partie à la désaffectation générale pour le sacrement du pardon dont on ne saurait sous-estimer l'importance pour la croissance spirituelle? Carl Jung abondait dans ce sens quand il écrivait que celui qui ne peut plus dévoiler sa conscience à un autre est voué à l'«isolement spirituel».

Prière de l'«affirmation» du pardon

J'ai dit plus haut que, pour pardonner efficacement, il fallait renoncer à sa «volonté de puissance». Or ce renoncement n'est possible que dans la prière, une prière faite avec la certitude d'être exaucé. L'élément de confiance vécue dans la prière devient un facteur de son efficacité. Saint Marc en souligne l'importance: «S'il ne doute pas en son cœur mais croit que ce qu'il dit arrivera, cela lui sera accordé.» (Marc 11, 23) Je propose en conséquence une prière qui laisse si peu de place au doute et à l'hésitation qu'elle anticipe ou vit à l'avance l'accomplissement de la demande. En d'autres mots, je recommande de considérer le pardon comme un événement déjà réalisé en soi. Soit dit en passant, on ne doit pas se sentir obligé d'adopter les formules de prière suggérées; on peut, en toute liberté, créer sa propre prière d'«affirmation».

Prends une position confortable dans un endroit tranquille.

Entoure-toi d'une lumière douce.

Mets-toi en présence de Dieu (ou de ta propre source spirituelle).

Demande-lui de t'accorder de vivre le pardon maintenant.

Tu as pardonné à ton offenseur. Prends-en conscience, entends-toi, regarde-toi dans cette situation.

«Je me sens libéré de tout ressentiment.

Ma gorge est dégagée de toute angoisse.

Mon cœur devient de plus en plus léger et joyeux.

Ma respiration s'approfondit et mes mains se réchauffent.

Mes pieds reposent sur un sol solide.

Je me sens déjà libéré du poids de l'offense.

Un dialogue intérieur s'installe en moi.

J'entends les paroles de Dieu: "Tu as du prix à mes yeux."

Je goûte ces paroles. J'entends Dieu me dire: "Tu es libre de toute angoisse et souffrance. Tu entres dans une nouvelle phase de ta vie. De tes erreurs passées, tu tires des leçons de sagesse et tu apprends à mieux te connaître. La blessure de l'offense reçue se change en source de fécondité et de maturité."

Je poursuis mon dialogue intérieur: "Je deviens chaque jour de plus en plus important à mes yeux. J'ai fini de me trahir. Dorénavant, je suis mon meilleur ami. J'aime les autres comme moi-même. Mon offenseur lui-même est objet du même amour."

Je constate que ma blessure est devenue une cicatrice bien guérie.

Ma mémoire ne me fait plus mal; au contraire, je me souviens des circonstances de l'offense sans en ressentir la morsure.

Mon esprit est disposé à découvrir de la beauté chez toutes les personnes, même chez mon offenseur.

Je me vois debout, fier, libre et dégagé en face de mon offenseur devenu mon prochain.

Je me trouve de plus en plus compréhensif à mon égard et à l'égard des autres.

Je me vois et me sens transparent au pardon de Dieu et porteur de son pardon. En moi brillent les reflets de son amour pour moi et pour celui qui m'a offensé.»

À la fin de ta prière, tu reprends le cours normal de tes activités, convaincu que le monde n'est déjà plus le même depuis que tu as expérimenté l'effet du pardon en toi et dans l'autre.

Chapitre 18

Onzième étape

S'ouvrir à la grâce de pardonner

C'est au cœur du pardon
que renaît la Création
dans sa pureté première.

Philippe Le Touzé

Le vide intérieur que tu as créé en renonçant à être l'unique auteur de ton pardon te dispose à accueillir l'amour divin. Tu te prépares à pardonner sous la mouvance divine. Tu réponds à l'invitation de Jésus: «Soyez miséricordieux comme votre Père est miséricordieux.» (Luc 6, 36) Non que tu veuilles imiter Dieu en comptant pour le faire sur tes propres forces, mais te disposer à recevoir sa vie, source d'amour et de pardon.

Il se peut que, même après avoir demandé le secours divin, tu te sentes encore hésitant ou impuissant à pardonner. Comment expliquer ce blocage? Peut-être provient-il des fausses images de Dieu qui te cachent son vrai visage d'amour et de compassion.

Du dieu justicier au vrai Dieu

Confesser en théorie que Dieu est un Dieu d'amour et de miséricorde est une chose assez facile. En arriver à vivre cela effectivement ne l'est pas du tout. (Duquoc 1986: 49) Il n'est pas facile, en effet, de discerner le dieu justicier de son imaginaire religieux d'avec le Dieu d'amour et de miséricorde. Pourtant, au moment de pardonner, ce discernement s'impose. On ne réussira jamais à pardonner vraiment si on n'est pas d'abord entré en relation avec le vrai Dieu.

Dans ma pratique clinique, j'ai souvent l'occasion d'amener mes clients à distinguer le dieu justicier du Dieu d'amour. L'histoire suivante d'une de mes clientes pourra éclairer mes propos. Après la mort de sa mère, une religieuse resta hantée par l'idée que la punition de Dieu venait de s'abattre sur elle. Elle se trouvait à la fois bouleversée et humiliée d'être la victime d'une telle obsession. Professeure de catéchèse, elle enseignait à ses étudiants un Dieu d'amour et de miséricorde. Or voici qu'au niveau de ses «tripes» elle était poursuivie par un dieu tracassier et vengeur, tout cela pour n'avoir pas été une «bonne religieuse».

Au départ, le travail de thérapie porta en priorité sur le deuil de sa mère. Une fois celui-ci bien amorcé, je trouvai un moment propice pour évoquer sa conception du dieu vengeur et la crise de culpabilité qui en était résultée. Ma cliente se montra plutôt agacée par ce rappel, mais en dépit de ses réticences, je m'aventurai à lui demander si l'accès de culpabilité qu'elle éprouvait était une réaction isolée ou s'il s'agissait d'une tendance habituelle. Après m'avoir fait savoir que j'accordais beaucoup trop d'importance à un événement aussi anodin, elle m'avoua que, dans des circonstances angoissantes, la pensée d'un dieu punisseur venait l'obséder. Elle s'en était ouverte à ses accompagnateurs spirituels, mais ceux-ci lui avaient conseillé de méditer sur la bonté de Dieu et de cesser de se sentir coupable, conseils qui s'avérèrent inefficaces.

Il me paraissait urgent que ma cliente se libérât une fois pour toutes d'une image aussi aberrante de Dieu, tout à fait incompatible avec sa vie de prière et son travail de catéchète, ce dont elle était d'ailleurs consciente. Aussi me pria-t-elle de l'aider à éliminer de sa vie ce dieu punisseur. Je savais bien que non seulement on ne peut pas se débarrasser d'un complexe psychologique aussi grave, mais qu'on ne doit pas même chercher à le faire. Ma cliente devait apprendre à l'apprivoiser et à vivre avec lui. C'est pourquoi je lui demandai de commencer par dialoguer avec lui.

C'est ce qu'elle fit au cours d'une retraite. À sa grande surprise, derrière cette étrange image de la divinité, elle reconnut celle de sa mère. Celle-ci lui avait inculqué depuis son jeune âge une crainte maladive de Dieu. Elle lui avait souvent parlé de parents et d'amis qui avaient été punis par Dieu pour lui avoir désobéi. Cette découverte, toute libératrice qu'elle fût, l'attrista beaucoup. Car en même temps elle se rendait compte qu'une grande partie de sa vie avait été dominée par l'image de ce dieu sévère et menaçant.

Les jours suivants, elle poursuivit son dialogue avec son dieu juge et punisseur. Elle lui demanda de céder peu à peu la place au Dieu d'amour de Jésus Christ et de ne plus s'interposer entre elle et lui, surtout dans les moments de crise. De plus, elle l'assura qu'elle appréciait son intention positive de vouloir faire d'elle une personne à la conduite morale impeccable.

L'histoire démontre l'importance d'examiner attentivement sa conception de Dieu, de la corriger au besoin si l'on veut se découvrir digne de pardon et devenir soi-même capable de pardonner. On ne peut pas toujours en rester à des images infantiles de Dieu. Celles d'un juge impitoyable, d'un parent janséniste, d'un policier, d'un professeur perfectionniste, d'un être impassible, d'un personnage doucereux, d'un moralisateur timoré, etc.? Ces dieux-là rendent leurs adeptes incapables d'accorder le pardon.

Dans son amour, Dieu n'est pas limité par nos pauvres pardons

Mais ce ne sont pas là les seules fausses images de Dieu qui se mettent en travers du pardon. Il y a encore celle d'un dieu dont le pardon serait conditionné par les pardons humains. Dieu ne me pardonnerait qu'à la condition que j'aie pardonné à autrui. Cette façon de penser le pardon est fort répandue, je l'ai rencontrée chez la plupart des participants à mes ateliers sur le pardon. Ils croient pouvoir la justifier en invoquant les paroles du Notre Père: «Pardonnez-nous nos offenses comme nous pardonnons à ceux qui nous ont offensés.»

Comment expliquer que les fidèles chrétiens en soient arrivés à une telle conception du pardon divin? N'y aurait-il pas lieu de penser qu'une certaine tradition chrétienne aurait perdu le message premier de l'Évangile? Du concept du pardon gratuit de Dieu, on aurait peu à peu glissé vers celui d'un pardon-récompense de ses propres pardons. Dieu mettrait des limites à son amour et cesserait de prendre l'initiative du pardon pour se mettre à la remorque des pauvres pardons humains.

La conception du pardon de Dieu vu comme une sorte de justice rétributive est d'autant plus probable que l'on en retrouve des traces dans l'évangile de Matthieu où il est écrit: «En effet si vous pardonnez aux hommes leurs fautes, votre Père céleste vous pardonnera à vous aussi; mais si vous ne pardonnez pas aux hommes, votre Père non plus ne vous pardonnera pas vos fautes.» (Matthieu 6, 14-15) Des exégètes expliquent cette orientation chez Matthieu du fait qu'il s'adressait à un auditoire encore imbu de la Loi de l'Ancien Testament. Même si, dans d'autres textes, il affirme clairement la gratuité du salut, Matthieu aurait développé toute une ligne de pensée rabbinique dominée par un esprit légaliste. Et c'est cette pensée qui se retrouve dans sa conception du pardon. Ajoutons que l'influence de son évangile a été prépondérante dans la formation de la mentalité chrétienne puisque, jusqu'au Concile Vatican II, on lisait presque exclusivement les textes de Matthieu dans les liturgies dominicales. Il n'est donc pas étonnant que les fidèles en soient venus à penser pouvoir acheter le pardon de Dieu par les mérites de leurs propres pardons. Ainsi, le pardon avait pris la forme d'un subtil marchandage entre Dieu et les humains.

L'idée d'un dieu donnant-donnant cadre mal avec la miséricorde infinie de Dieu. Elle crée une grande confusion et une impasse majeure dans la vie spirituelle, en particulier chez ceux et celles qui se sentent incapables de pardonner. Pour assurer leur salut qui vient du pardon de Dieu, ils doivent s'efforcer de pardonner à tout prix, même s'ils se sentent incapables de le faire. Ou bien ils s'avouent incapables de pardonner, donc indignes du pardon de Dieu à cause de leur manque de générosité, ou bien ils se mentent à eux-mêmes pour consentir à accorder un pardon faux ou du moins inauthentique. On voit dans quel dilemme angoissant se trouvent ceux qui croient pouvoir mériter le pardon de Dieu.

Comment sortir de cette voie sans issue? Le seul moyen est de bien tenir à deux vérités. La première est que Dieu garde toujours l'initiative du pardon, comme il est le seul à pouvoir prendre l'initiative de l'amour. Saint Jean l'affirme sans hésitation: «Ce n'est pas nous qui avons aimé Dieu, c'est lui qui nous a aimés.» (1 Jean 4, 10) La seconde vérité découle de la première. Le pardon n'est pas un acte de volonté dépendant uniquement de soi et qui devrait s'appliquer au nom de je ne sais quel précepte ou loi. Il est avant tout le fruit d'une conversion du cœur, une ouverture à la grâce de pardonner. Cette conversion, même si elle peut être immédiate et spontanée dans certains cas, habituellement naît, mûrit et évolue pendant une période de temps plus ou moins longue.

En effet, si l'on n'était pas convaincu de ces deux vérités, on n'aurait qu'à relire la parabole du débiteur insolvable (Matthieu 18, 23-35). C'est l'histoire d'un maître qui prend l'initiative de remettre une très forte dette à l'un de ses débiteurs. Mais voici que celui-ci n'use pas de la même clémence à l'égard d'un pauvre qui lui doit une petite somme. Nous connaissons le reste de l'histoire: le maître, en apprenant la dureté et la sévérité du débiteur insolvable, le fait mettre en prison jusqu'à ce qu'il ait payé toute sa dette.

Deux points méritent d'être retenus dans cette parabole en rapport avec le pardon. D'une part, c'est le maître, Dieu en l'occurrence, qui prend l'initiative de poser un geste de miséricorde. D'autre part, le débiteur privilégié ne se laisse ni toucher, ni influencer par la générosité de son créancier. Ce qui, certes, l'aurait amené à pardonner à son tour à son propre débiteur, magnanimité qu'il n'a pas manifestée. Il n'a pas accueilli en profondeur le pardon de son maître de manière à se laisser transformer et à être capable de poser un geste de clémence semblable. C'est en cela qu'il se condamne lui-même.

Mystère de la liberté humaine qui peut aller jusqu'au refus de la grâce. Faut-il ajouter que Dieu, malgré son initiative de donner le pardon ne peut forcer à l'accueillir. Il se fait en quelque sorte impuissant devant le rejet de «sa remise de dette», de son pardon. Sans doute, à la différence du maître de la parabole, Dieu se montrera plus patient et saura attendre le moment favorable de l'ouverture des cœurs, même des plus récalcitrants.

L'humble pardon du Dieu de Jésus

Mais qui est le vrai Dieu du pardon? Pour bien comprendre les mœurs divines du pardon, on regardera comment Jésus s'est comporté avec les «pécheurs». Il n'affiche par à leur égard une attitude hautaine, moralisatrice ou méprisante, il se fait simple, humble et compréhensif. Il prend l'initiative d'aller visiter les personnes prisonnières de leurs fautes. Puis, une fois avec elles, il les valorise en se mettant dans la situation de recevoir d'elles. À la Samaritaine, il demande à boire; voyant Zachée, il s'invite chez lui; il laisse Marie-Madeleine lui baigner les pieds de parfum. Avant même de parler de pardon, il commence par établir une relation de personne à personne. C'est donc dans l'accueil fondamental de la personne que Jésus manifeste son pardon.

«Comment s'ouvrir au pardon de Dieu? Comment l'imiter?» Jean-Marie Pohier répond avec bonheur: «Le Dieu de la Bible nous révèle en même temps qu'il est vulnérable — il est le père de l'enfant prodigue, ou celui qui part à la recherche de la brebis perdue — et qu'il renonce à nous faire payer. C'est un paradoxe insoutenable pour nous. Aussi, je pense qu'on ne peut imiter le pardon de Dieu que de très loin. Espérer qu'à force de fréquenter Dieu, il finira peut-être par déteindre un peu sur nous...» (Pohier 1977: 218)

Pour s'ouvrir à la grâce de pardonner

Comme pour les autres exercices, prends une position confortable et écarte de toi toute distraction.

Laisse-toi conduire à travers une imagerie mentale. Tout en écoutant les paroles de l'imagerie, sois attentif à respecter ton propre rythme.

Donne-toi un peu de temps pour entrer en toi-même et pour rejoindre ton monde symbolique et sacré. Ferme les yeux si ça peut t'aider.

Tu te retrouves dans un champ de fleurs baigné de soleil. Prends le temps de contempler le paysage et de goûter la fraîcheur du lieu.

Là-bas, tu vois une maison entourée d'une lumière particulière. Tu te diriges vers elle. Tu y découvres un escalier en pierres qui descend au sous-sol. Tu descends une à une les sept marches. Te voici alors devant une épaisse porte de chêne finement sculptée de motifs gracieux. La curiosité te pousse à ouvrir la porte et à entrer. Tu te trouves dans une salle éclairée d'une étrange lumière. À ta grande surprise, tu vois un double de toi-même attaché à un siège. Prends le temps de bien examiner tes liens. Quelles parties de ton corps sont ligotées? Quelles sortes de liens les retiennent? De quel matériau les liens sont-ils faits? Tu commences à réaliser comment l'offense subie te garde lié. Tu prends peu à peu conscience que c'est bien toi qui es là, ligoté au siège. Tu entres en toi-même pour ne faire qu'un avec la personne enchaînée.

Puis tu t'aperçois que tu n'es pas seul dans la salle; tu soupçonnes la présence d'un être puissant. Tu reconnais Jésus (ou tout autre personnage spirituel important pour toi). Il te demande: «Veux-tu que je t'aide à te libérer?» Surpris de son offre, tu te reposes la question: «Est-ce que je veux réellement être libéré?» «Qu'est-ce que je vais devenir sans mes chaînes?» «Pourrais-je tolérer ce nouvel état de liberté?» «Quels avantages puis-je retirer de ma situation de prisonnier?» Prends quelques instants pour débattre ces importantes questions.

Si tu veux être libéré, manifestes-en le désir à Jésus. Parle-lui des liens qui te retiennent attaché et qui t'empêchent de pardonner à ton offenseur. Au fur et à mesure que tu identifieras chacun des obstacles au pardon, regarde Jésus en train de défaire peu à peu tes attaches.

Chaque fois qu'une partie de ton corps est libérée, arrête-toi pour goûter le soulagement que t'apporte ta nouvelle liberté. À mesure que les liens se dénouent, laisse l'harmonie, la sérénité et la paix s'emparer de tout ton être.

Dans cet état de grâce où tu te sens habité par l'amour divin, regarde la personne qui t'a offensé s'approcher de toi. Commences-tu à reconnaître qu'il y a quelque chose de changé en toi? Regarde bien cette personne dans les yeux. Te sens-tu capable de lui dire en toute honnêteté: «Je te pardonne»? Si oui, fais-le. Sinon, reviens à toi-même et demande-toi lesquels de tes liens te retiennent encore. Tu peux reprendre le dialogue avec Jésus pour lui demander qu'il te délivre des derniers obstacles au pardon. Tu peux aussi t'arrêter ici, quitte à refaire plus tard le même exercice d'imagerie, afin d'aller plus loin sur la voie du pardon. Un jour viendra où, à ta grande surprise, le pardon coulera de source de ton cœur.

Si tu as réussi à laisser se défaire tous tes liens, demande-toi ce que tu en feras dans l'avenir. Ils pourront te servir de symboles, te rappelant les leçons précieuses que tu auras retirées de ton expérience.

Comment vas-tu maintenant célébrer ta nouvelle délivrance?

Quand tu te sentiras prêt, tu te lèveras et tu sortiras de la salle. Tu ouvres la porte de chêne et remontes les sept marches pour émerger dans la lumière du jour. Peu à peu, tu reprends contact avec l'extérieur. Prends conscience des bruits. Ouvre les yeux. Tu te sens calme, détendu, frais et dispos.

Sans doute voudras-tu partager tes impressions avec quelqu'un, ou les écrire dans ton journal.

Pardonne-nous nos offenses

Seigneur, pardonne-nous nos offenses,

Non pas à la mesure de nos pauvres pardons
Non pas comme nous avons l'habitude de pardonner
Non pas à l'exemple de nos pardons mercenaires et calculateurs

Mais bien

Pour découvrir «ta douce pitié»
Pour éprouver ta «tendresse désarmée»
Pour apprendre nous aussi à pardonner
Pour pardonner à ceux avec qui nous partageons le pain
Pour ne pas tomber dans le désespoir de la honte
Pour renoncer au désir orgueilleux de pardonner
Pour démasquer nos fausses droitures et indignations
Pour pouvoir nous pardonner à nous-mêmes
Pour que nos pardons deviennent reflets du tien

Seigneur, pardonne-nous nos offenses.

Chapitre 19

Douzième étape

Décider de mettre fin à la relation ou de la renouveler

Les amitiés renouées demandent plus de soins que celles qui n'ont jamais été rompues.

La Rochefoucauld

Félicitations! Tu es rendu à la dernière étape de ta longue démarche de pardon. Maintenant que tu as pardonné à ton offenseur, il te reste à décider quoi faire de la relation qui te lie encore à lui. Veux-tu poursuivre cette relation en vue de l'approfondir ou crois-tu qu'il serait préférable d'y mettre fin?

Ne pas confondre pardon et réconciliation

Dans certains écrits, le pardon est souvent synonyme de réconciliation. D'où chez plusieurs la crainte de pardonner à leur offenseur et de devoir, par conséquent, se réconcilier avec lui et s'exposer à nouveau à subir les mêmes vexations de sa part. C'était le cas de ma collègue psychologue dont l'amie avait trahi les secrets. Elle se refusait à lui pardonner, car elle croyait devoir lui faire confiance à nouveau et se rendre encore vulnérable à son indiscrétion. J'ai récemment constaté la même crainte chez une personne qui, elle aussi, confondait l'acte de pardonner avec celui de se réconcilier. Voici ce qui était arrivé: une protestante s'était éprise d'un grand amour pour son pasteur. Celui-ci était aussi entiché d'elle et avait répondu à ses avances, non sans craindre de ternir sa réputation, car il était marié et père de famille. Sûre de l'amour de cet homme, elle quitta son foyer pour vivre seule en appartement. Elle avait donné comme prétexte à son mari qu'elle voulait se retrouver elle-même et réfléchir sur l'orientation à donner à sa vie. La vraie raison était de pouvoir vivre une plus grande intimité avec son amant qui projetait de quitter son épouse pour aller la rejoindre. Mais l'épouse du pasteur eut vent de l'affaire et elle persuada son mari d'aller consulter un conseiller matrimonial. Finalement, elle réussit à le dissuader d'aller vivre avec son amante.

Notre héroïne se retrouva tout esseulée dans sa garçonnière et, après réflexion, elle s'avisa de retourner au foyer familial. Or son mari, encore sous le choc d'avoir été abandonné, exigea d'elle des promesses formelles de fidélité. Il en faisait la condition essentielle de son pardon et du retour éventuel de sa femme au foyer. Ce à quoi son épouse s'opposa. Ils en étaient là quand ils se présentèrent chez moi. Après quelques sessions, je réussis à faire comprendre au mari qu'il ne pouvait pas mettre de conditions à son pardon; celui-ci devait être total et sans condition. Cependant, une fois son pardon accordé, il pourrait négocier les conditions du retour de sa femme au foyer. Lui aussi avait confondu pardon et réconciliation.

Cette confusion, on ne la retrouve pas seulement chez les gens ordinaires, mais aussi chez les spécialistes en matière de pardon. Certains maîtres spirituels et théologiens font des affirmations comme celles-ci: «La fin ultime du pardon, c'est la réconciliation»; «Pardon et réconciliation sont des réalités inséparables»; «Le pardon est incomplet sans réconciliation.» On dirait que, pour plusieurs d'entre eux, le pardon équivaudrait à tout oublier, à faire comme si rien ne s'était passé et à reprendre la relation comme elle était avant l'offense. Cette façon de voir tient plus de la pensée magique que de la saine psychologie humaine. Si la réconciliation devait être la norme de l'authenticité du pardon, on comprendrait pourquoi tant de personnes refusent de pardonner. Elles ont l'impression de faire semblant de pardonner et, en fin de compte, de se trahir elles-mêmes.

Il est évident que la suite normale et souhaitable du pardon demeure la réconciliation. Elle l'est davantage pour des personnes unies entre elles par des liens très étroits. C'est le cas des conjoints, des parents, des enfants, des amis, des voisins et des collègues de travail. Mais, même si la réconciliation est possible, il ne faudrait pas s'imaginer qu'elle implique de se retrouver comme avant la faute. Après une grave offense, on ne peut plus reprendre la relation passée, pour la simple raison qu'elle n'existe plus et ne peut plus exister. Tout au plus, peut-on songer ou à l'approfondir, ou à lui donner une autre forme.

Pardonner et mettre fin à une relation

Il existe plus d'une situation où la réconciliation avec l'offenseur s'avère impossible. Prenons, par exemple, les cas où l'on aurait affaire à un offenseur inconnu, décédé ou introuvable; ou encore à un offenseur qui se révèle impénitent ou fauteur invétéré et irresponsable. Faudrait-il en conclure que le pardon est impossible? Pas du tout. Le pardon est avant tout une disposition du cœur. En raison de quoi il est non seulement possible de l'accorder, mais il est nécessaire de le faire pour recouvrer la paix et la liberté intérieures, que l'offenseur soit disponible ou non, abordable ou non.

Dans les situations où le pardonneur ne peut pas exprimer directement son pardon, il lui reste toujours la possibilité de le faire par un geste symbolique comme écrire une lettre qui ne sera pas postée, s'entourer d'un objet qui symbolise son pardon, ou poser un geste de réconciliation à l'endroit d'une personne ou d'un groupe interposé qui, à un titre quelconque, tiendrait lieu de l'offenseur. C'est ce qui s'est produit dans une paroisse où le pasteur avait commis des actes d'abus sexuel. L'évêque du lieu délégua un prédicateur pour aider la communauté à se guérir. Au cours d'une cérémonie pénitentielle, celui-ci demanda aux paroissiens de voir en lui leur pasteur fautif et de venir lui serrer la main en signe du pardon qu'ils accorderaient à leur ancien pasteur. Cette démarche en soi était très appropriée pour les circonstances. Malheureusement, c'était un geste prématuré, car le prédicateur n'avait pas laissé assez de temps aux paroissiens pour amorcer d'abord la guérison de leur blessure et par là les faire s'acheminer sur la voie du pardon.

Il y a aussi des circonstances où les efforts de réconciliation, tout généreux qu'ils soient, se révéleront imprudents et même dangereux. Que l'on pense aux cas où on aurait affaire à des personnes violentes, à des psychopathes invétérés ou à des manipulateurs sans scrupules. Je ne crois pas qu'au nom d'un pardon «intégral» qui engloberait la réconciliation, on doive pousser l'héroïsme jusqu'à s'exposer à subir de nouveau des sévices. Le pardon bien compris n'en exige pas tant. Dans ces circonstances, ces personnes pourraient par prudence se retirer, tout en pardonnant à leur offenseur.

Lors même que le pardon n'aboutirait pas toujours à une réconciliation, il n'en serait pas moins bénéfique à celui ou à celle qui pardonne et cela, de multiples façons. L'offensé se sera d'abord réconcilié avec lui-même; ensuite, il ne se sentira plus dominé par le ressentiment et l'esprit de vengeance; il aura réussi à ne plus juger son offenseur mais à le comprendre; il pourra dans son cœur lui souhaiter le plus grand bonheur possible; il aura découvert le côté positif de la situation pénible; sans doute pourra-t-il caresser l'espoir que la bienveillance manifestée à l'égard de son offenseur transforme le cœur de ce dernier.

Ce n'est pas tout, car une offense venue d'une personne très chère fournit souvent l'occasion de s'ouvrir les yeux sur la dépendance «maladive» que l'on pourrait entretenir à son égard. La brisure de la relation, si pénible soit-elle, offre à l'offensé l'occasion d'examiner sa situation de dépendance et de devenir plus autonome. Le pardon fournit une occasion idéale de refaire son héritage à la suite de la perte de l'être aimé. L'héritage consiste à récupérer toutes les idéalisations projetées sur la personne aimée. En d'autres mots, il permet de se réapproprier tout l'amour, l'énergie, l'idéal, en somme tout l'investissement psychologique et spirituel que l'on a placé sur la personne aimée. Une description de la démarche d'un rituel de l'héritage se retrouve à la fin du présent chapitre.

Croissance de l'offenseur dans la réconciliation

Examinons maintenant les changements qu'il convient d'effectuer dans la relation offenseur-offensé. Notons d'abord que la responsabilité des changements ne relève pas uniquement de l'offenseur, comme le voudraient certains auteurs (Smedes 1984), mais aussi de l'offensé qui doit apprendre à ne plus se mettre dans une situation où il pourrait être à nouveau victime. Pour bâtir la nouvelle relation, et l'offenseur et l'offensé doivent se sentir concernés.

D'abord l'offenseur. Il devra reconnaître sa part de responsabilité dans la faute. Il devra se montrer prêt à écouter l'offensé jusqu'au bout et à se mettre, pour ainsi dire, dans sa peau pour mieux mesurer l'étendue et la profondeur de sa blessure. Même s'il ne peut pas éliminer la souffrance de l'offensé, il peut au moins l'entendre. Quant aux torts et injustices qu'il a commis touchant les biens matériels, les accrocs à la réputation, les manques de loyauté ou tout autre domaine, il devra, dans la mesure du possible, les réparer en toute justice.

Quelle garantie de loyauté l'offenseur offre-t-il pour l'avenir? Le repentir, le ferme propos, les promesses sont-ils suffisants? Les bonnes intentions ne pourront jamais remplacer les gestes concrets de changement. L'offenseur devra donc se demander s'il a appris des choses sur lui-même et sur sa manière de nouer des liens intimes avec les autres. Ce sont les changements réels constatés dans le comportement de l'offenseur qui constituent les meilleures garanties du succès de la réconciliation. Aussi aura-t-il à se poser les questions suivantes: «Comment suis-je arrivé à commettre une telle offense? Quelle a été ma motivation profonde? Quels antécédents familiaux ou culturels m'ont poussé à poser un geste aussi offensant? Quels comportements pourrais-je apprendre à modifier dans l'avenir? Quelle aide vais-je me donner à cette fin?»

Le cas suivant d'un époux infidèle illustre bien, à mon avis, ce que j'entends par les signes de croissance d'un offenseur repentant. Un jour, le mari annonça à son épouse qu'il avait une jeune maîtresse. Pour atténuer le choc de la nouvelle, il s'empressa d'assurer qu'il ne voulait rien changer à leur vie de vingt-cinq ans de mariage et il lui promit qu'elle resterait toujours son premier amour. Son épouse lui exprima sa peine et sa déception profondes, puis elle l'avisa qu'il n'était pas question qu'il vive au foyer pendant sa nouvelle «vie de célibataire». Or, quelques mois à peine de vie commune avec sa maîtresse suffirent à convaincre notre homme de son incapacité de s'ajuster au caractère de sa jeune compagne. Se rappelant tous les avantages que lui avait apportés sa vie conjugale antérieure, il voulut y retourner. Mais sa femme ne l'entendait pas ainsi. Elle refusa de reprendre la vie commune avec lui tant qu'il n'aurait pas entrepris sur lui-même un travail psychologique. Elle désirait en particulier qu'il prenne conscience de ce qui avait motivé sa fugue. C'est ce qu'il fit avec l'aide d'un thérapeute compétent. Il s'aperçut qu'au cours de ses années de vie conjugale il avait accumulé frustration sur frustration et avait refoulé beaucoup de colère à l'égard de son épouse. Il devenait clair qu'il s'était servi de son incartade amoureuse pour la punir. Poussant plus loin sa réflexion, il découvrit que s'il avait désiré le compagnonnage d'une femme jeune, c'était pour oublier sa peur de vieillir et de mourir. Par suite de ces prises de conscience, il décida d'opérer les changements d'attitude qui s'imposaient. Alors seulement, il se sentit prêt à reprendre la vie commune.

Croissance de l'offensé dans la réconciliation

«Pourquoi me suis-je mise dans un tel pétrin?» s'exclame souvent la personne offensée. Question tout à fait pertinente. Elle rappelle avec raison que le fauteur n'est pas seul à porter la responsabilité de l'événement pénible. L'offensé aussi doit chercher à faire la vérité sur lui-même et à profiter de son expérience malheureuse pour réviser certaines de ses attitudes et manières d'entrer en relations intimes.

Déjà, à la huitième étape, j'avais invité le lecteur à tirer des leçons salutaires de sa pénible aventure. Il ne devait jamais oublier que la blessure de l'offense, qui avait déstabilisé ses habitudes et ébranlé ses certitudes, fut pour lui un moment très propice aux changements.

Je te propose maintenant de répondre à une série de questions pour faire le point sur tes acquis et pour inventorier ce qu'il te reste à apprendre dans le domaine des relations humaines:

— Qu'ai-je appris sur moi-même?

— Suis-je davantage mon meilleur ami?

— Ai-je appris à me parler avec douceur?

— Ai-je remplacé les «il faut que» et les «je dois» par des «je choisis de...»?

— Suis-je capable de refuser de répondre aux demandes des personnes, surtout de celles quc j'aime, de manière à respecter mes limites personnelles?

— Ai-je appris à exprimer plus spontanément ce que je vis?

— Quand je veux intervenir auprès d'une personne pour lui signaler ce qui m'agace ou me blesse dans sa conduite, suis-je capable de m'ouvrir à elle sur mon senti avec des phrases qui commencent par «je» (par exemple: «Je me sens irrité quand tu arrives en retard...») au lieu de l'accuser avec un message commençant en «tu» (par exemple: «Tu ne tiens pas compte de moi en arrivant ainsi en retard...»)

— Qu'est-ce que je fais pour contrer mon attrait pour des personnes qui ont des problèmes de comportements (par exemple: des alcooliques, des beaux parleurs, des femmes dépendantes, etc.)?

— Suis-je capable de me rendre compte de mes attentes et demandes irréalistes vis-à-vis des autres?

— Dans ma démarche de pardon, jusqu'à quel point ai-je réussi à augmenter l'estime de moi-même?

— En changeant mon image du dieu justicier, dans quelle mesure me suis-je rapproché du Dieu ami et confident?

Voilà certes un programme exigeant. Tu n'as pas à le réaliser d'un seul coup. N'aurais-tu réussi à maîtriser qu'un ou deux de ces nouveaux comportements que tu aurais raison de te montrer fier de toi, car un petit changement dans le domaine des relations humaines entraînera chez toi d'autres changements significatifs.

Modifier sa relation à la suite d'une séparation

Il se présente des situations où il n'est pas possible d'abandonner sa relation, ni de l'approfondir. Il faut alors songer à recréer de nouveaux liens. J'ai en tête deux cas particuliers. Celui des personnes séparées ou divorcées qui, pour le bien des enfants, doivent maintenir entre eux des relations de parents, et celui de parents qui se demandent quels nouveaux comportements ils doivent adopter avec leurs grands enfants qui ont quitté le foyer. Ils sont conscients du défi de devoir prendre leurs distances sans toutefois briser leurs liens d'intimité.

Examinons d'abord le cas des époux séparés ou divorcés. Il n'est pas facile de se départir des vieilles habitudes de la vie conjugale et de transformer le couple-époux en couple-parents. Jeanne, une de mes clientes, m'avouait la grande difficulté qu'elle éprouvait à ce sujet. Elle se sentait tiraillée par une foule de sentiments contradictoires à l'égard de son ex-conjoint: ressentiment et culpabilité d'avoir été quittée, jalousie envers sa nouvelle compagne, besoin très vif de le protéger et de le choyer encore. Au milieu de ce carrousel de sentiments, elle devait aussi maintenir avec lui une relation de parents préoccupés par le bien-être des enfants. Elle devait alors faire le deuil de son idéal de couple, pour maintenir avec une certaine sérénité son rôle de parent avec son ex-conjoint. Elle s'aperçut qu'elle ne parviendrait jamais à réussir cet exploit si elle ne réussissait pas d'abord à lui pardonner.

C'est à un défi analogue, quoique différent, que se trouvèrent affrontés ces parents qui se retrouvaient seuls à la suite du départ de leurs grands enfants. Ils avaient vécu avec peine ce départ et le passage au «nid vide» où ils devaient refaire leur vie de couple après de nombreuses années de «parenting». Le couple décida de protéger à tout prix sa nouvelle intimité contre l'envahissement périodique de ses enfants. Ceux-ci ne se gênaient pas pour surgir à tout moment au foyer parental avec leurs amis, pour dévaliser le réfrigérateur et pour s'emparer de la télévision ou de la piscine. Devant une telle invasion, les parents jugèrent nécessaire de définir leurs frontières. Aussi rappelèrent-ils à leurs enfants qu'ils avaient quitté la maison de leur plein gré et qu'ils devaient désormais se comporter en invités. On devine le courage de ces parents qui durent couper une autre fois le cordon ombilical pour établir un nouveau type de relation avec leurs enfants adultes.

En conclusion, je me permets d'insister sur ce qu'on aura déjà soupçonné, à savoir que le pardon ne règle pas de lui-même toutes les difficultés relationnelles, car il n'a pas l'effet magique qu'on lui a souvent prêté. De plus, même une fois accordé, il ne garantit pas que l'offenseur ne récidivera pas. Quoi qu'il en soit, la question importante à se poser est la suivante: «Le pardon a-t-il produit tout son effet bénéfique en moi?» En d'autres termes: «Ai-je été transformé par l'expérience de l'offense et du pardon?» Une autre question non moins importante serait celle-ci: «Mon offenseur a-t-il appris quelque chose dans cette malheureuse affaire?» Si tu peux répondre par l'affirmative à ces deux questions, tu seras en mesure de te féliciter de l'heureuse issue de ton aventure de pardon.

Le rituel de l'héritage

Le rituel de l'héritage est un excellent moyen de grandir à la suite d'une séparation. Il est surtout efficace dans les cas où tu aurais idéalisé la personne que tu as aimée d'un amour passionnel. C'est que tu auras projeté en positif sur elle ce qui était en puissance et inconscient chez toi. C'est là un des effets de l'amour passionnel. Il te fait sortir de toi-même pour te faire vivre dans l'autre. Si, après ton pardon, tu juges nécessaire de mettre fin à la relation, tout ne sera pas perdu. Tu auras encore la possibilité de récupérer l'objet de tes idéalisations et de t'en servir pour progresser. Ainsi, tu auras mis fin à la relation sans t'être senti appauvri et dupé. C'est le but visé par le rituel de l'héritage dont je vais te décrire le déroulement.

Comme pour tout rituel, celui de l'héritage est d'autant plus efficace que tu t'assures de la présence d'un meneur ou d'un célébrant et de celle de témoins sympathiques disposés à te soutenir dans ta démarche.

Au moins deux semaines avant la cérémonie, le meneur t'aide à te rappeler les qualités qui t'ont attiré chez la personne aimée. Environ quatre à six de ces qualités suffiront. Puis, il te demande de trouver des objets aptes à symboliser ces mêmes qualités.

Il est important que la cérémonie elle-même se déroule dans un décor qui fasse appel à tous les sens: encens, chandelles, fleurs, tapis de table de couleur, etc.

Le jour de la cérémonie, le meneur et l'héritier s'asseoient devant la table où sont déposés les objets-symboles des qualités. Les témoins se placent en demi-cercle devant la table.

Le célébrant, après avoir expliqué le sens de la cérémonie, invite l'héritier à présenter la personne aimée en la décrivant au moyen des qualités représentées par les objets-symboles. La présentation terminée, l'héritier vient se rasseoir près du célébrant. Tous les participants gardent pendant quelques instants un silence méditatif.

Le meneur invite alors l'héritier à aller chercher l'objet symbolisant la première qualité. Il lui fait répéter la formule de réappropriation suivante: «..................... (nom de la personne aimée), parce que nous sommes maintenant séparés, je reprends .... (la qualité voulue comme par exemple, le sens de l'humour) que je t'ai prêté(e), il y a .... (la durée de la relation) et que tu as enrichi(e) de ton (ou ta) propre .... (exemple: sens de l'humour).»

L'héritier vient reprendre sa place en tenant l'objet-symbole sur sa poitrine. Le meneur l'aide à intégrer à sa personne la nouvelle qualité en lui disant: «Ressens en toi la présence de cette nouvelle qualité, entends-la parler en toi, vois-la à l'intérieur de toi.» Il continue à l'encourager à faire sienne la qualité qu'il avait projetée sur la personne aimée. Pendant quelques minutes, il laisse le travail d'intégration s'accomplir, puis il invite de nouveau l'héritier à aller chercher l'objet suivant qui symbolise une autre qualité, lui faisant accomplir une démarche identique à la précédente. Et ainsi de suite pour chacune des autres qualités.

À la fin, l'héritier se place au centre du groupe, entouré des symboles. Le meneur du rituel déclare son deuil terminé, les participants le félicitent et terminent la cérémonie par une fête amicale.

Voilà le schéma du rituel de l'héritage. Rien ne t'empêche d'y ajouter d'autres éléments qui pourraient en rehausser l'intensité et la beauté.

Chapitre 20

Célébrer son pardon

Ce qui n'est pas célébré a tendance à s'atténuer et à s'évanouir sans laisser de traces.

Anonyme

Comme l'alpiniste parvenu au sommet de la montagne reprend son souffle et contemple le parcours de la montée, ainsi es-tu invité à t'arrêter au bout de ton escalade et à jeter un regard sur le chemin parcouru.

Dès le départ, tu as voulu éviter la voie sans issue du ressentiment et de la vengeance. Par ailleurs, tu n'as pas voulu laisser l'offenseur te harceler davantage, tu as fait tout ce que tu pouvais pour qu'il cesse toute injustice ou acte offensant à ton endroit.

Tu n'as pas craint de plonger au cœur de toi-même et d'y toucher la honte profonde provoquée par les blessures de l'enfance et de l'âge adulte. C'est ce qui t'a permis d'amorcer ta guérison.

Tu t'es gardé de t'enfermer dans un isolement stérile. Tu as partagé le poids de ta souffrance avec une personne qui te tendait «une grande oreille». Aussi as-tu vu plus clair à l'intérieur de toi.

Tu as réussi à circonscrire l'étendue de ta perte au point de pouvoir la nommer et en faire ton deuil.

Tu es allé à la rencontre de ta colère et de ton envie de vengeance pour les accueillir. Tu as vu en elles des forces positives prêtes à sauvegarder ton intégrité personnelle menacée.

Tu as peu à peu appris à développer l'estime de toi afin de te disposer à te pardonner.

Tu as cherché à comprendre ton offenseur. Tu as cessé de le voir d'un «œil mauvais» pour le regarder avec des yeux neufs.

Tu t'es questionné sur le sens positif que tu allais donner à la blessure de l'offense.

Tu as laissé ton cœur s'attendrir par l'amour que les autres t'ont manifesté par leurs pardons et tu t'es nourri de ce sentiment unique et incomparable de se sentir digne de pardon et gracié.

Tu as appris à te détacher même de ton geste de pardon. Tu as renoncé à l'envie de te croire le seul responsable du pardon et tu as ainsi évité d'y rechercher ta propre glorification.

Tu as remis en question ton image d'un dieu justicier pour te convertir au Dieu de tendresse et de miséricorde, source nécessaire d'inspiration et de force pour pardonner à ton tour.

Enfin, tu as décidé d'examiner tes futurs rapports avec ton offenseur. Ou tu t'es avisé de le laisser partir en lui souhaitant le plus grand bonheur possible, ou tu as contracté une nouvelle alliance avec lui.

Après avoir revu ainsi le périple de ton pardon, tu auras raison d'être très fier de toi.

Tu pourras te féliciter!

Tu pourras te fêter!

Tu auras grandi en humanité et en sainteté!

ÉPILOGUE

Nous voici au bout d'un long cheminement. J'espère ne pas encourir la remarque qu'une religieuse âgée adressait à un jeune prêtre qui venait de prêcher une retraite sur les voies mystiques: «Monsieur l'Abbé, je suis étonnée de vous voir jongler avec des charbons ardents sans jamais vous y brûler.» Écrire un ouvrage sur le pardon comporte des risques semblables, car c'est une aventure hasardeuse. En l'écrivant, je me sentais — et je me sens encore — démuni devant l'ampleur, la complexité et la profondeur du sujet. Parler du pardon, c'est plus que discourir simplement sur l'amour, c'est parler d'un amour très particulier, d'un amour prêt à se dépasser jusqu'à vouloir recréer un nouvel univers de relations.

La question que mon ami me posait au début de l'introduction me trotte toujours dans la tête: «Que cherches-tu à apprendre sur toi en écrivant un livre sur le pardon?» Certes, j'y ai découvert mes pauvretés personnelles devant mes propres besoins de pardonner. En plus des nouvelles connaissances que mes recherches m'ont permis d'acquérir, j'ai l'impression de comprendre davantage l'importance et les bienfaits du pardon dans ma propre vie, tant du point de vue corporel que psychologique et spirituel. En particulier, je me demande encore si je dois attribuer à mes réflexions sur le pardon une nette baisse de mon hypertension artérielle. Qui sait?

Quant aux objectifs que je m'étais proposés dans ce livre, j'en suis à me demander s'ils ont été atteints. En d'autres termes, ai-je réussi à démystifier et à démasquer les fausses conceptions du pardon? Ai-je balisé assez clairement le chemin du pardon pour qu'on s'y engage avec assurance sans qu'en soit évacué le mystère? L'ai-je fait de façon à éviter au pardonneur de se perdre dans un labyrinthe qui, tout séduisant qu'il soit, ne conduit nulle part? Enfin, ai-je raison de croire que la démarche du pardon que j'ai proposée avec ses douze points de repère aura procuré libération intérieure et paix de l'âme à ceux et à celles qui en ont besoin? Seuls vous, mes lecteurs et lectrices, pourrez me le dire.

APPENDICE

Brève revue de la conception que certains auteurs se sont faite de la démarche du pardon et de ses étapes

Il n'est pas dénué d'intérêt de comparer entre elles les diverses façons de concevoir la dynamique du pardon. Elles varient selon les auteurs quant au nombre et à la nature des étapes qu'ils suggèrent. Doris Donneley, dans *Putting Forgiveness into Practice* (1982), répartit la démarche du pardon en cinq étapes: la reconnaissance de la blessure, la décision de pardonner, la prise de conscience de la difficulté de pardonner, le pardon à soi-même, l'examen des effets néfastes de l'absence de pardon. David Norris, dans *Forgiving from the Heart* (1983), recommande aussi cinq étapes: l'intention de pardonner l'offense, la nécessité de revivre le plus fidèlement possible l'offense, la découverte du sens nouveau que prennent sa blessure actuelle et ses blessures passées, la réparation de la relation brisée, la réintégration des parties désorganisées de son être par la blessure actuelle et les blessures antérieures. Lewis Smedes, dans *Forgive and Forget* (1984), décrit le processus en quatre temps: avoir mal, haïr, se guérir, se réconcilier. Dans son article, «Forgiving: an Essential Element in Effective Living» (1985), Richard Walters propose aux pardonneurs un pardon en cinq étapes: 1) prier pour se préparer au pardon, notamment pour reconnaître le besoin de pardonner, pour susciter en soi le désir de pardonner, pour obtenir la maîtrise de son ressentiment et pour trouver le courage de persévérer dans sa démarche de pardon; 2) décider de pardonner sans pourtant oublier; 3) accomplir l'acte du pardon lui-même; 4) fêter le pardon accordé; 5) donner suite à son pardon: se réconcilier ou mettre fin à sa relation. De leur côté, les frères Matthew et Dennis Linn, dans leur livre célèbre *La guérison des souvenirs* (1987), empruntent à Elisabeth Kübler-Ross les cinq étapes qu'un mourant est susceptible de traverser: le refus, la colère, le marchandage, la dépression et l'acceptation.

BIBLIOGRAPHIE

«Agresseur... mon frère», dans *Prier*, 89 (1987), p. 5-6.

ARENDT, H., *Condition de l'homme moderne,* Traduction de l'américain par Georges Fradier, Paris, Calmann-Lévy, 1961.

AUGSBURGER, D., *Caring Enough to Forgive: True Forgiveness; Caring Enough to not Forgive: False Forgiveness*, Ventura, California, Regal Books, 1981.

BELLET, M., *L'écoute*, Paris, Desclée de Brouwer, 1989.

BRADSHAW, J., *Healing the Shame that Binds You*, Deerfield Beach, Florida, Health Communications, 1988.

CARMIGNAC, J., *À l'école du Notre Père*, Paris, O.E.I.L., 1984.

ID., *Recherches sur le «Notre Père»*, Paris, Éditions Letouzey et Ané, 1969.

CUNNINGHAM, B. B., «The Will to Forgive: A Pastoral Theological View of Forgiving», dans *Journal of Pastoral Care*, 39, 2 (1985), p. 141-149.

DAVY, M. M., *Un philosophe itinérant, Gabriel Marcel*, Paris, Flammarion, 1959.

DONNELY, D., «Forgiveness and Recidivism», dans *Pastoral Psychology*, 33, 1 (1984), p. 15-24.

ID., *Putting Forgiveness into Practice*, Allen, Texas, Argus Communications, 1982.

DROLL, D. M., *Forgiveness: Theory and Research*. A dissertation, submitted in partial fulfillment of the requirements for the degree of Doctor of Philosophy in Social Psychology, University of Nevada, 1984.

DUQUOC, C., «Le pardon de Dieu», dans *Concilium*, 204 (1986), p. 49-58.

ELIZONDO, V., «Je pardonne mais je n'oublie pas», dans *Concilium*, 204 (1986), p. 87-98.

EMERSON, J. G., *The Dynamics of Forgiveness*, London, George Allen and Unwin Ltd., 1965.

FITZGIBBONS, M., «The Cognitive and Emotive Use of Forgiveness in the Treatment of Anger», dans *Psychotherapy*, 23 (1986), p. 629-633.

FRANKL, V. E., *Découvrir un sens à sa vie*, Montréal, Éditions de l'Homme, 1988.

GAGEY, J., «De la miséricorde envers soi-même», dans *La vie spirituelle. Difficultés du pardon*, 131 (619, 1977), p. 41-56.

GAGNÉ, J., *Le pardon, une dimension essentielle des études et de la pratique pastorales*, Colloque international en études pastorales, Ottawa, Université Saint-Paul, 1988.

ID., (Sous la direction de), *Le pardon de l'autre dans la guérison intérieure. Théorie et étude de cas*, par Roger Blais et Thérèse Laroche, Mémoire présenté à l'Institut de Pastorale de l'Université Saint-Paul d'Ottawa en vue de l'obtention de la Maîtrise en counseling pastoral, 1987, 122 p.

GOUHIER, A., *Pour une métaphysique du pardon*, Paris, Épi, 1969.

GUILLET, J. et MARTY, F. , «Pardon», dans *Dictionnaire de spiritualité*, tome XII, 1re partie, Paris, Beauchesne, 1984.

HATZAKORTZIAN, S., *Le pardon une puissance qui libère*, St-Badolph, Éditions Compassion, 1980, 96 p.

HOPE, D., «The Healing Paradox of Forgiveness», dans *Psychotherapy*, 24, 2 (1987), p. 240-244.

HUNTER, R., «Forgiveness, Retaliation and Paranoid Reactions», dans *Canada Psychiatric Association Journal*, 23 (1978), p. 167-173.

JANKELEVITCH, V., *Le pardon*, Paris, Aubier-Montaigne, 1967.

Le pardon, Colloque 30-31 janvier 1988, Juifs, Chrétiens, Musulmans, Supplément au Bulletin de Littérature Ecclésiastique, Institut catholique de Toulouse, Chronique 1°, 1989.

LINN, D., LINN, M. et FABRICANT, S., *Pratique de la guérison des souvenirs*, Paris, Desclée de Brouwer, 1990.

LINN, D. et LINN, M., *La guérison des souvenirs. Les étapes du pardon*, Paris, Desclée de Brouwer, 1987.

MADRE, P., *Mystère d'amour et ministère de guérison*, Paris, Pneumathèque, 1982.

MONBOURQUETTE, J., *Aimer, perdre et grandir*, Saint-Jean, Québec, Richelieu, 1983.

MORROW, L., Reported by Barry Kalb and Wilton Wynn/Rome, «Cover Story "I spoke... as a Brother" A Pardon from the Pontiff. A Lesson in Forgiveness for a Troubled World», *Time*, 123, January 9 (1984), p. 22-28.

NORRIS, D. A., *Forgiving From the Heart: A Biblical and Psychotherapeutic Exploration*, Ph. D. Diss., Union Seminary, 1983 [Ann Arbor, University Microfilms International].

PATTISON, E., «On Failure to Forgive and Be Forgiven», dans *American Journal of Psychotherapy*, 19 (1965), p. 106-115.

PATTON, J., *Is Human Forgiveness Possible?*, Nashville, Abingdon Press, 1985.

PERRIN, M. (Éd.), *Le pardon*, Actes du Colloque organisé par le Centre d'Histoire des Idées, Université de Picardie, Paris, Beauchesne, 1987.

PETERS, J., «La fonction du pardon dans les relations sociales», dans *Concilium*, 204 (1986), p. 13-22.

PINGLETON, J. P., «The Role and Function of Forgiveness in the Psychotherapeutic Process», dans *Journal of Psychology and Theology*, 17 (1, 1989), p. 27-35.

POHIER, J. M., «Peut-on vraiment pardonner?», dans *Supplément de la Vie spirituelle*, 131, 619 (1977), p. 201-218.

REDFORD, W., «The Trusting Heart», dans *Psychology Today*, January/February (1989), p. 36-42.

RUBIN, T. G., *Compassion and Self-Hate, An Alternative to Despair*, New York, Ballantine, 1975.

RUBIO, M., «La vertu chrétienne du pardon», dans *Concilium*, 204 (1986), p. 99-114.

SCHELER, M., *L'homme du ressentiment*, 5e édition, Paris, Gallimard, 1958.

SEAMANDS, D. , *Healing of Memories*, Wheaton Ill., Victor Books, 1985,

Service de transcriptions et dérivés de la Radio, Maison Radio-Canada, «Le pardon est-il possible?», Vendredi saint, 20 avril 1984, Cahier I, Cahier II.

SHONTZ, T. C. et ROSENA, R. C., «Psychological Theories and Need For Forgiveness: Assesment and Critique», dans *Journal of Psychology and Christianity*, 7,1 (1988), p. 23-30.

SIMONTON, C., SIMONTON, S. et CREIGTHON, J., *Guérir envers et contre tous*, Paris, Épi, 1982.

SMEDES, L. B., *Forgive and Forget*, San Francisco, Harper and Row, 1984.

SOARES-PRABHU, G., «“Comme nous pardonnons”. Le pardon interhumain dans l'enseignement de Jésus», *Concilium*, 204 (1986), p. 73-84.

SOBRINO, J., «Amérique latine, lieu de péché, lieu de pardon», *Concilium*, 204 (1986), p. 59-72.

STAUFFER, E. R., *Amour inconditionnel et pardon*, Sainte-Foy, Le Centre d'intégration de la personne de Québec, 1987.

STRASSER, J. A., *The Relation of General Forgiveness and Forgiveness Type to Reporter Health of the Elderly*, A dissertation submitted to the Faculty of the School of Nursing of the University of America in Partial Fulfillment of the Requirements for the Degree of Doctor of Nursing Sciences, 1984, x-184 p.

STUDZINSKI, R., «Se souvenir et pardonner. Dimensions psychologiques du pardon», dans *Concilium*, 204 (1986), p. 23-34.

SULLIVAN, J. E. (Rev.), *Journey to Freedom*, The Path to Self-Esteem for the Priesthood and Religious Life, New York, Paulist Press, 1987.

TODD, E., «The Value of Confession and Forgiveness According to Jung», dans *Journal of Religion and Health*, 24, 1 (1985), p. 39-48.

TRAINER, M. F., *Forgiveness: Intrinsic, Role Expected, Expedient in the Context of Divorce*, Doctoral Dissertation, Boston University, 1980.

TROTTER, R. J., «Stop Blaming Yourself», dans *Psychology Today*, February (1987), p. 31-39.

VANIER, J., *La communauté, lieu du pardon et de la fête*, Montréal, Bellarmin, 1979.

WALTERS, R. P., «Forgiving: an essential element in effective living», dans *Studies in Formative Spirituality*, 5, 3 (1984), p. 365-374.

TABLE DES MATIÈRES

Avant-propos 7

PREMIÈRE PARTIE

Réflexions et orientations
sur la nature du pardon 11

Chapitre 1
L'importance du pardon dans nos vies..............17

Chapitre 2
Une fable sur le pardon: Alfred et Adèle...........27

Chapitre 3
Démasquer les fausses conceptions du pardon ..31

Chapitre 4
Le pardon, une aventure
humaine et spirituelle 47

Chapitre 5
Comment évaluer les offenses? 57

Chapitre 6
À qui s'adresse le pardon? 67

Chapitre 7
Une expérience de pardon en vérité.................. 75

DEUXIÈME PARTIE

Les douze étapes du pardon authentique 81

Chapitre 8 / *première étape*
Ne pas se venger
et faire cesser les gestes offensants..................... 87

Chapitre 9 / *deuxième étape*
Reconnaître sa blessure et sa pauvreté............... 95

Chapitre 10 / *troisième étape*
Partager sa blessure avec quelqu'un 107

Chapitre 11 / *quatrième étape*
Bien identifier sa perte
pour en faire le deuil....................................... 115

Chapitre 12 / *cinquième étape*
Accepter la colère et l'envie de se venger......... 125

Chapitre 13 / *sixième étape*
Se pardonner à soi-même................................. 143

Chapitre 14 / *septième étape*
Comprendre son offenseur............................... 161

Chapitre 15 / *huitième étape*
Trouver dans sa vie un sens à l'offense............ 173

Chapitre 16 / *neuvième étape*
Se savoir digne de pardon
et déjà pardonné.. 183

Chapitre 17 / *dixième étape*
Cesser de s'acharner à vouloir pardonner........193

Chapitre 18 / *onzième étape*
S'ouvrir à la grâce de pardonner....................203

Chapitre 19 / *douzième étape*
Décider de mettre fin à la relation
ou de la renouveler...217

Chapitre 20
Célébrer son pardon..231

Épiloque...235

Appendice...237

Bibliographie...239